Karl Koppmann

Die ältesten Urkunden des Erzbisthums Hamburg-Bremen

Inaugural-Dissertation zur Erlangung der philosophischen Doktorwürde

Karl Koppmann

Die ältesten Urkunden des Erzbisthums Hamburg-Bremen
Inaugural-Dissertation zur Erlangung der philosophischen Doktorwürde

ISBN/EAN: 9783742869265

Hergestellt in Europa, USA, Kanada, Australien, Japan

Cover: Foto ©Thomas Meinert / pixelio.de

Manufactured and distributed by brebook publishing software
(www.brebook.com)

Karl Koppmann

Die ältesten Urkunden des Erzbisthums Hamburg-Bremen

Die

ältesten Urkunden des Erzbisthums Hamburg-Bremen.

Inaugural-Dissertation

zur Erlangung der philosophischen Doctorwürde

in Göttingen

von

Karl Koppmann

aus Hamburg.

Hamburg, 1866.

Druck von Th. G. Meißner.

Vorwort.

Die Geschichte des Erzbisthums Hamburg-Bremen nimmt um deswillen das Interesse in so hohem Grade in Anspruch, weil dasselbe in mehr als einer Hinsicht als Vermittlerin zwischen Deutschland und den Völkern des Nordens dastand. An den Marken des Reichs, aber auf deutschem Boden gelegen, war das Hamburger Erzbisthum mit der Aufgabe betraut, das Christenthum weiter zu tragen, und so wenigstens in einen Theil der Bahnen, welche bisher die Entwicklung der Deutschen eingeschlagen, auch den Norden einzuführen. Der letzte große Sieg, den unter Karl dem Großen das Christenthum auf deutschem Boden gewonnen, war durch das Schwert errungen worden, der neue Kampf gegen den Volksglauben sollte von der Predigt geführt werden. Mit rüstiger Kraft hat das Hamburger Erzstift diese Aufgabe übernommen, und die vollständige Christianisirung des Nordens verdankt derselbe zu einem großen Theil seinem Wirken.

Alle die neu dem Christenthum gewonnenen Länder wurden zugleich in Verbindung gesetzt mit dem von Rom als Mittelpunkt der missionarischen Thätigkeit anerkannten Erzbisthumssitze, und diese Verbindung wurde aufrecht erhalten, auch als die Zeit die früheren Missionsstationen zu fest geordneten Bisthümern herangereift hatte. Gegenüber der Abhängigkeit aber, in der nach der römischen Kirchenverfassung die Tochterkirchen zu der Metropolis standen, mußte hier das Streben nach Selbständigkeit erwachsen, denn die größere staat-

1

liche Entwicklung ließ die nationale Verschiedenheit stärker hervor=
treten, duldete nicht mehr die früheren Beziehungen zu einem
deutschen Erzbisthum. Begünstigt durch die allgemeinen politischen
Verhältnisse, die in dem Kampf zwischen Papstthum und Kaiser=
thum den Hamburger Erzbischof auf die Seite des Kaisers gestellt,
ist es den nordischen Kirchen möglich geworden, von dem römischen
Bischof ihre Lostrennung von der bisherigen Metropole zu erlangen.

Nicht ohne Weiteres hat die Hamburger Kirche auf die bis=
herigen Rechte verzichtet, wenn wir auch von dem Einzelnen des
darüber geführten Streites fast aller Kunde entbehren: eine Reihe
von Fälschungen und Interpolationen kann nur aus dem Bestreben
entstanden sein, das Recht, daß man wirklich besaß, als durch eine
ausschließlich von Hamburg ausgehende missionarische Thätigkeit er=
worben, und als von Anfang an in ununterbrochener Continuität,
und für jeden der bestrittenen Theile ausdrücklich, von den früheren
Päpsten anerkannt, darzustellen.

Die uns in dieser Gestalt überlieferten Urkunden bilden einen
wesentlichen Theil des Materials, aus dem eine Geschichte des
Hamburger Erzbisthums aufgebaut werden muß. Die offen dar=
liegenden Anzeichen der Fälschung bei manchen der Urkunden haben
früh schon zu der entschiedenen Verwerfung derselben geführt.
Aber auch die echten Bestandtheile sind wohl von dem einmal
erregten Verdachte als solche nicht anerkannt, und andrerseits hat
man auch wohl um ihretwillen das Falsche als echt wollen gelten
lassen.

Eine ausführliche und eingehende Untersuchung vieler unserer
Urkunden in ihrem Zusammenhang gab zuerst J. Asmussen, in
den „Kritischen Untersuchungen über den Umfang der Hamburger
Diöcese und Archidiöcese in älterer Zeit, mit Rücksicht auf benach=
barte Bisthümer," im Archiv für Staats= und Kirchengeschichte
der Herzogthümer Schleswig, Holstein, Lauenburg, Bd. 1, Heft 1,
Kiel 1833. Wohl nur der Umstand, daß die Zeitschrift in dieser
Form nicht fortgesetzt wurde, erklärt es, daß diese Arbeit verhält=
nißmäßig so wenig berücksichtigt ist. Durch die Auffindung der
angeblichen Originale von vielen angefochtenen Urkunden trat die
Frage in ein neues Stadium, und dadurch veranlaßt, schrieb
Lappenberg seinen Aufsatz „Ueber die ältesten Urkunden des Erz=

stiftes Hamburg", in den Beilagen zum Hamburgischen Urkunden-
buch. Die darin nicht zu Ende geführte Untersuchung wieder
aufzunehmen, ist ihm nicht vergönnt worden, doch hat er in der
Recension der „Lebensbeschreibung des Erzbischofs Ansgar" von
Klippel, in Schmidts Allgemeiner Zeitschrift für Geschichte, Bd. 5,
Gelegenheit genommen, sich entschieden gegen die Echtheit der Urkunden für das Kloster Rameslohe auszusprechen. In den Regesta
pontificum hat dann Jaffé eine Reihe von Hamburger päpstlichen
Urkunden als falsch verworfen, einige andere für mindestens interpolirt erklärt. Zuletzt haben unsere der Karolingerzeit angehörigen
Urkunden in Dümmler's Geschichte des ostfränkischen Reiches eine
kritische Würdigung gefunden.

Wenn wir es nun aufs Neue versuchen, die Urkunden des
Erzbisthums einer Untersuchung zu unterziehen, so haben wir uns
dabei zur Aufgabe gestellt, im Zusammenhange darzulegen, was
von denselben als echt, was als interpolirt oder als vollständig
gefälscht zu betrachten ist, und soweit als möglich das benutzte
Material, den Zweck und die Zeit jeder Fälschung nachzuweisen.
Ausgeschlossen haben wir dabei die angeblichen Urkunden Karls
des Großen für Bremen, für Verden und für Bremen und Verden
gemeinschaftlich, die bekanntlich mit dem Praeceptum pro Trut-
manno comite und der nur in einem Bruchstück erhaltenen Urkunde
Karls für das Bisthum Halberstadt eine besondere Gruppe bilden,
und deshalb einer anderen Untersuchung vorbehalten bleiben mögen.

Eine Reihe der hier in Betracht kommenden Urkunden hat
Cäsar in dem Buche Triapostolatus Septemtrionis, Vita et gesta
S. Willehadi, S. Ansgarii, S. Rimberti mitgetheilt, das lange
vergebens gesucht, erst von Lappenberg und auch von ihm nur
nachträglich benutzt werden konnte. Mir stand dasselbe, einst dem
Nürnberger Johann Conrad Feuerlein gehörige Exemplar, das sich
jetzt im Besitz der Hamburger Stadtbibliothek befindet, durch die
Güte der Herren Verwalter für meine Arbeit zu Gebote.

Das Buch erschien 1642 in Köln bei Peter Metternich und
umfaßt außer einer Epistola dedicatoria, einem Index u. s. w.
250 Seiten in 8. Cäsar hat dasselbe Franz Wilhelm, Bischof
von Osnabrück, Minden und Verden, und Arnold, Abt von Korvei,
gewidmet, und er bemerkt, daß es jetzt zum ersten Male heraus-

gegeben werde, und zwar ex m. s. Hamburgensis ecclesiae libro, antiquo et autentico, in charta pergamenta. Schon vor mehreren Jahren, da er, damals noch Protestant, in Bremen die Stelle eines Domherrn zu St. Anskar und des pastor primarius bekleidet, habe er daran gedacht, nach guten Schriftstellern eine Geschichte des heiligen Anskar zusammen zu stellen. Da sei ihm die alte, verloren geglaubte Lebensgeschichte des Heiligen, dessen Fürbitten am meisten er seine Bekehrung zur katholischen Kirche zu verdanken glaube, neben der des heiligen Willehad und der des heiligen Rimbert in die Hand gefallen, und weil die vetus de eo (Anskar) historia, melius quam a me aut quovis alio fieri queat descripta, wolle er die drei Vitae zusammen veröffentlichen, ut in illo Hamburgensi vetusto codice sunt. Leider hat Cäsar diesen Coder aus Hamburg fortgebracht, und so ist derselbe verloren gegangen: schon Lappenberg hat bemerkt, daß er zweifellos mit demjenigen Coder identisch sein müsse, welchen später Mansi in Bonn vorfand: da nun Cäsar die Widmung seines Buches, Sept. 1642, aus Bonn datirt, so wird man ihm diese Verschleppung zur Last legen müssen.

Hinsichtlich dieses Coder bemerkt Cäsar, daß die Namen der Bischöfe, welche am Schluß der Vita Rimberti stehen, nicht allein zu dieser, sondern zu allen drei Vitae gehören: Est enim per omnia unum genus pergamenti et una manus (S. 243). Und in den notae annotaciunculae (S. 203—204), die sich über das Verhältniß des Abbrucks zu dem Coder aussprechen, heißt es: nec in verbis, nec in rebus, quicquam vel addidi, vel detraxi, vel immutavi, sed omnia ut sunt reliqui: exceptis illis, quae omnium iudicio et consensu necessario rectificanda erant. Est enim liber hic pulcre quidem et legibiliter scriptus, sed mendis et erratis scriptoriis passim refertus. Genaueres über die Latinität und die gemachten Verbesserungen wird in den notae verbales generales (S. 204—208) mitgetheilt, auch wird die Schreibweise der drei Namen (S. 204 — 205) besprochen und die Notiz gegeben (S. 204): Cum vita S. Ansgarii capitulis et rubricis distincta esset, ego vitam S. Willehadi et vitam S. Rimberti similiter distinxi. Dann folgen notae verbales und notae reales zu jeder einzelnen Vita und zum Anhang (S. 208—50). Von anderer

Hand war der Text korrigirt, und dabei ist unverkennbar ein guter Coder benutzt worden. Cäsar theilt solche Korrekturen mit, bemerkt aber in der Regel, er habe dem ursprünglichen Texte folgen zu müssen gemeint, nur einzeln folgt er dem späteren.

Als Anhang zu den drei Lebensgeschichten (S. 1—168) sind die uns interessirenden Urkunden mitgetheilt, ein Appendix (S. 169—196) und ein Appendicis appendix (S. 197—202). Den Letzteren bilden vier Urkunden, bei Lappenberg gedruckt als No. 144, 145, 147, 146. Sie befanden sich am Anfang des Coder auf einem besonderen Pergamentblatt, von zwei verschiedenen Händen geschrieben, die beiden ersteren in zarterer, die letzteren in dickerer Schrift. Der Coder schien lange einen zerrissenen oder gar keinen Umschlag gehabt zu haben, weshalb ein Theil dieses Blattes nicht mehr gelesen werden konnte und von Cäsar vermuthungsweise ergänzt wurde (S. 246, 249; Lappenberg, S. 781). Diese vier Urkunden und ebenso eine fünfte uns anderweitig überlieferte (Lappenberg No. 148) enthalten sämmtlich die von Papst Innocenz am 27. Mai 1133 ausgesprochene Unterwerfung der nordischen Bisthümer unter den Hamburgischen Erzbischof Abalbero, also die Erreichung desjenigen Zieles, dessen Erstrebung zu der großen Fälschung und Interpolation in den Urkunden und den Vitae Anskarii und Rimberti geführt hatte.

Der Appendix enthält den Brief Anskars an die deutschen Bischöfe (Lappenberg No. 17), das Schreiben Paschalis für Ebbo von Rheims (No. 6), die Urkunde Ludwigs des Frommen für Anskar (No. 8), die Bullen Gregors und Nikolaus für denselben (No. 9 und 14), das Schreiben Nikolaus an König Horich von Dänemark (No. 15), die Bullen Sergius für Hoger und Formosus für Abalgar (No. 27 u. 25). Cäsar bemerkt, daß dieser Appendix auf einem anderen, jüngeren und besseren Pergament und von einer anderen Hand, als die drei Vitae geschrieben sei. Nachdem der alte Umschlag des Coder zerrissen gewesen, habe man aus den diese Urkunden enthaltenden Blättern von neuerer, aber doch auch ziemlich alter Handschrift, einen anderen Umschlag gemacht (S. 243). Diese Urkunden und Briefe sind eigenthümlich interessanter Art. Abgesehen von der falschen Urkunde Ludwigs des Frommen, die schon Adam von Bremen gekannt hat, sind sie in der Cäsarschen

Fassung unverdächtig, denn in ihr fehlen alle die tendenziösen Ein=
schiebsel und Auslassungen, welche meistens als Beleg für die Un=
echtheit der Urkunden geltend gemacht sind, und auch das angebliche
Diplom Kaiser Ludwigs ist wenigstens von denjenigen Sätzen frei,
welche in anderen Fassungen jenen Fälschungen entsprechen. Auch
daraus ergiebt sich, was Cäsar vermuthet, daß der — die gefälschten
Vitae enthaltende — Cober und der Umschlag (Appendix) ur=
sprünglich nicht zusammen gehörten, und man muß diesem ein dem
Inhalt nach höheres Alter beilegen, wenn auch die Abschrift, wie
Cäsar behauptet, von jüngerer Hand gewesen sein mag.

Da das Cäsarsche Buch demgemäß die Stelle eines Copiars
aus — dem Inhalt nach — verhältnißmäßig früher Zeit vertritt,
so ist dasselbe für die Untersuchung unserer Frage von bedeutender
Wichtigkeit. Schon der Umstand, daß hier die angebliche Urkunde
Ludwigs wohl als Fälschung erscheint, aber nicht die späteren
Interpolationen enthält, nöthigt zu der entschiedenen Verwerfung
der noch immer herrschenden Ansicht, als ob zu Einer Zeit die
ganze Summe von Fälschungen entstanden sei, als ob man Einem
Manne dieselbe zur Last legen könne.

Aus den eigenen Angaben Cäsars haben wir erklärt, weshalb
der Inhalt der Lebensbeschreibungen nicht mit denen der Urkunden
übereinstimmt. Die albernen Behauptungen, Cäsar habe Etwas
in jene hineingeschwärzt oder in diesen ausgelassen, welchen As=
mussen (S. 220 ff.) mit einer ausführlichen Widerlegung antwortete,
verdienen gar keine Berücksichtigung.

I. Die Gründung des Erzbisthums Hamburg-Bremen.

1. Die Urkunde Nikolaus, erster Theil.

Die Urkunde Nikolaus[1]) zerfällt ihrem Inhalte nach in zwei Theile; der erstere bestätigt, was durch Papst Gregor in Bezug auf das neubegründete Hamburger Erzstift verfügt worden war, der letztere theilt die seitdem vor sich gegangenen Veränderungen und deren Ursachen mit und sanktionirt das Endresultat derselben, die Vereinigung des Bisthums Bremen mit dem Erzbisthum Hamburg.

Zum größeren Theile ist die Urkunde von Rimbert ausgeschrieben und liegt uns demnach in der Stuttgarter Handschrift der Vita Anskarii[2]) in unverdächtiger Gestalt vor. Vollständig hat sie Korner bei Eccard 2, S. 465 ff., und aus diesem ist sie zuerst gedruckt bei Crantz, Metropolis 1, S. 38 und 39, dann bei Mansi, 15, S. 137 ff. (vgl. S. 133); aus dem Hamburgischen Coder theilte sie mit Cäsar S. 182 ff., und nach diesem Lambeck, Origines Hamburgenses 2, S. 379 ff.

Es sind vielfach Einwendungen gegen dieselbe erhoben worden, doch ist, wie erwähnt, der größere Theil beglaubigt und auch das Uebrige werden wir als echt zu erweisen suchen. Wir gehen bei unserer Untersuchung von dieser Urkunde aus, theils weil sie älter als Rimbert's Werk und eine Quelle desselben gewesen ist, theils weil sie als Aktenstück jenem gegenüber eine höhere Glaubwürdigkeit beanspruchen darf.

---

[1]) Lappenberg No. 14 (Jaffé 2085), nach ihm im Auszuge bei Ehmck, Bremisches Urkbb. No. 5. S. 5.

[2]) Aus dem 11. Jahrh., M. G. 2, S. 683.

Ausgestellt ist sie am 31. Mai 864, geschrieben vom Notar, Regionar und Scriniar Zacharias, gegeben durch den Primicerius Tiberius, im 15. Jahre Kaiser Ludwigs und im 12. der Indiktion. Schreiber und Datar sind auch anderweitig beglaubigt[1]) und die Zahlen stimmen mit einander überein. Adam von Bremen sagt freilich[2]), die Urkunde nenne das Jahr 858 und damit in Uebereinstimmung hat man wohl statt des 12. Indiktionsjahrs das 6. als richtig angenommen[3]), aber die Handschriften sind dem entgegen, das 15. Regierungsjahr Kaiser Ludwigs fordert das 12. Indiktionsjahr und endlich wissen wir auch sonst, daß die Ausstellung der Bulle um 864 erfolgt sei. Bischof Salomon von Konstanz nämlich war in kirchlichen Angelegenheiten von Ludwig dem Deutschen an Nikolaus geschickt und der Papst antwortet dem König in einem Schreiben[4]), das um 864 abgefaßt sein muß[5]), auch in Bezug auf das Hamburgische Erzbisthum.

In der erzählenden Einleitung berichtet der Papst, König Ludwig habe ihm durch Bischof Salomon mittheilen lassen, wie sein Vater, Kaiser Ludwig der Fromme, den Mönch Anskar aus dem Kloster Corbie genommen und collocasset eum iuxta Albiam fluvium, in confinibus Slavorum et Danorum sive Saxonum, in castello Hamaburg, inter duos episcopatus Bremon et Verden.

---

[1]) S. Jaffé, S. 230, 235, 237, 254.

[2]) B. 1, Kap. 29. M. G. 7, S. 296.

[3]) Lappenberg, Hamb. Urkbb. 1, S. 24, Anm. 12; gegen Jaffé noch Phillips, Kirchenrecht 5, S. 354 Anm. 39, weil Anskar schon 863 gestorben sei; ohne Jaffé zu berücksichtigen Maurer, Bekehrung des Norwegischen Stammes 1, S. 28, Laspeyres, die Bekehrung Nord-Albingiens, S. 46, Ehmck, Bremisches Urkbb. No. 5, S. 6. — Lambeck 2, S. 378 hatte gesagt: notandum est, — pro Imp. Ludovici II. anno 3 perperam — an. 15, et pro Indictione VI aeque male Indict. XII legi. Er hat wohl Staphorst Hamb. Kirchengeschichte 1, 1, S. 44 Anm. 49, verleitet, das Indictionsjahr 12 ohne Weiteres in den Text zu setzen, und durch ihn wieder scheint der Lappenbergsche Text beeinflußt.

[4]) Bei Mansi 15, S. 456.

[5]) Winterims Ansicht, Conciliengesch. 3, S. 53: die Urk. sei »nicht vor dem Jahre 858« erlassen, das Schreiben an Ludwig dagegen (3, S. 56) um 865, der in demselben erwähnte Bischof von Bremen sei also Rimbert, ist nicht aufrecht zu halten.

Zwei bald darauf folgende Ausdrücke ziehen wir schon hier, weil sie zur Erklärung dienen, heran. Die Bezeichnung Anskar's als iam fati, episcopi erklärt, in welcher Stellung derselbe vom Kaiser eingesetzt sei, und der Ausdruck in supradicto Nordalbingorum populo dient zur Bestimmung des für seine bischöfliche Thätigkeit ihm zugewiesenen Gebiets. Ludwig hat den Corbier Mönch Anskar zum Bischof ernannt und ihm das von den Nordalbingiern bewohnte Land jenseit der Elbe, das von den Sitzen der Dänen, Slawen und Sachsen umschlossen ist, als bischöflichen Sprengel übergeben. Die Worte in castello Hamaburg sind demnach ein Zusatz zu dem Ausdruck in confinibus Slavorum et Danorum sive Saxonum, der unmöglich anders gefaßt werden kann, als daß die Burg Hamburg dem Anskar als ein Mittelpunkt für seine bischöfliche Thätigkeit in Nordalbingien, als Bischofssitz übergeben sei. — Eigenthümlich ist der Ausdruck inter duos episcopatus Bremon et Verden, er kehrt in den Hamburger Urkunden nicht wieder und ist auch da fortgelassen, wo man nach dem Muster unserer Urkunde eine andere gefälscht hat. Er kann weder so verstanden werden, daß das Kastel Hamburg, noch so, daß die Hamburger Diöcese zwischen den Bisthümern Bremen und Verden belegen sei, denn durch eine frühere Anordnung war das nordelbische Land unter die Bischöfe von Bremen und Verden getheilt, und die Hamburger Burg bei dieser Gelegenheit in den Besitz des Bischofs von Verden gekommen. Das inter ist also dem älteren Sprachgebrauche gemäß so zu erklären, daß von zwei Verschiedenem von jedem ein Theil genommen werde, und der Satz heißt demnach und mit dem Sachverhalt in Uebereinstimmung, daß Anskar zum Bischof eingesetzt sei in dem Land der Nordalbingier, welches zu diesem Zweck theils von dem Bisthum Bremen, theils von dem Bisthum Verden, zu denen es bis dahin gehört habe, losgetrennt und Anskar als unabhängiger Sprengel, als Bisthum, übertragen sei.

Denn es heißt sogleich weiter: de quibus tollens ecclesias et decimas ad sustentationem provehendi iam fati episcopi clericorumque eius, condonasset in praedicto loco. Das condonasset gehört zu inter duos episcopatus Bremon et Verden: Ludwig begabt Anskar aus den Bisthümern (mit Theilen derselben) Bremen und Verden. In welcher Weise das geschieht und zu welchem Zwecke, besagt der eingeschobene Partizipialsatz: indem Ludwig Kirchen und Zehnten von den Bisthümern lostrennt, zum Unterhalt des Bischofs und seiner Geistlichen. Unter Kirchen und Zehnten kann Nichts verstanden sein, als das nordelbische Land in seinen kirchlichen Beziehungen; derjenige Theil der Kirchensprengel der beiden Bischöfe, welcher in Nordalbingien belegen ist, soll — mit seinen Kirchen und Zehnten — aus dem bisherigen kirchlichen Verbande ausgeschieden, soll selbständig und dem Hamburgischen Bischof untergeben werden. Unter diesen Kirchen sind mit Gewißheit zu verstehen die Hamburger, die bereits zu Karl's Zeiten bestand und unter Verden gekommen war, und die Melborfer in Ditmarschen, in der schon vor Anskar der Bremer Bischof Willerich gepredigt hat, und die also unter dessen Bisthum gestellt gewesen sein muß. Später waren in Nordalbingien vier Kirchen, doch werden die beiden andern erst unter Anskar erbaut sein. — Der Zweck der Begabung klingt eigenthümlich: das Bisthum wird begründet, um dem Bischof desselben und seinen Geistlichen Unterhalt zu gewähren; doch es ist bekannt, wie wirklich Ludwig der Fromme das Hamburger Stift gegründet hat, um der nordischen Mission einen festen Mittelpunkt zu verleihen, und das will der Satz ausdrücken: um Anskar und seinen Geistlichen für ihre missionarische Thätigkeit den nöthigen Unterhalt zu gewähren. Nach Cäsar heißt es provehendi — episcopi, nach Cranz dagegen provehendi causa episcopi; jenes heißt einfach: zum Unterhalt des zu erhebenden Bischofs, dieses etwa: zum Unterhalt des Bischofs, um ihn (in seiner missionarischen Thätigkeit) zu fördern. — Papst Gregor, heißt es dann weiter, habe dem zugestimmt und Privilegien des apostolischen Stuhles gegeben, und durch Gregor's auctoritas sei unter dem nordelbischen Volk in der Burg Hamburg ein erzbischöflicher Sitz errichtet. Für denselben sei Anskar als erster Erzbischof ordinirt, vom Papst mit dem Pallium begabt und mit der Legation betraut worden (cui — delegata est cura seminandi verbum Dei et animas lucrandi Deo. Cuius delegationis etc.) Die Urkunde Gregor's, die er eine delegationis et auctoritatis et pallii acceptionis pagina nennt, ist Nikolaus von Ludwig durch Bischof Salomo zugestellt worden, ist nach der Sitte des apostolischen Stuhls mit einer Bulle versehen und stimmt, wie Nikolaus sich überzeugt hat, mit dem überein, was Ludwig ihm durch den Bischof hat berichten lassen. —

Nach diesem geschichtlichen Bericht folgt dann der Rechtsakt. In Nachahmung Gregor's [1]) nimmt Nikolaus eine Reihe von Handlungen vor, die offenbar mit dem übereinstimmen sollen, was Gregor laut seiner dem Papste vorliegenden Urkunde in Bezug auf das Hamburgische Erzstift gethan hatte, mit andern Worten, er bestätigt die Urkunde Gregor's, indem er den Inhalt derselben bis auf kleinere, durch die Umstände veranlaßte Abweichungen wörtlich wiederholt. Daß dies wirklich der Fall sei, zeigt insbesondere die Stelle: sedem Nordalbingorum, Hamaburch dictam, — archiepiscopalem deinceps esse decernimus, denn da die Hamburger Burg schon von Gregor zu einem erzbischöflichen Sitze war erhoben worden, so kann dieser Passus nur aus der betreffenden Urkunde dieses Papstes in die Urkunde Nikolaus hinüber genommen sein. In dem falschen Original der Urkunde Gregor's fehlt nun freilich das deinceps, aber es findet sich in der Abschrift Cäsar's. Ferner zeigt sich in dem Bericht, den Rimbert über den Inhalt der Urkunde Gregor's giebt, einem Bericht, dem — wie aus dem ganzen Tone ersichtlich, und auch von vorn herein wahrscheinlich — die Urkunde selbst zu Grunde gelegen haben muß, eine so wörtliche Uebereinstimmung mit diesem Theil der Urkunde Nikolaus, daß auch daraus mit Nothwendigkeit die Herübernahme eines Theils des älteren Diploms in das neue zu folgern ist. Dieser erste Theil der Urkunde Nikolaus will also nichts Anderes, als die rechtliche Stellung, welche das Hamburger Erzstift und sein dermaliger Vorsteher Anskar durch die Urkunde Gregor's erhalten, durch neue urkundliche Bestätigung des Papstes anerkennen und bestätigen.

Von cuius delegationis an ist dieser Theil der Bulle durch die Abschrift Rimbert's beglaubigt. Daß auch das Vorhergehende echt sei, wird insbesondere durch den alterthümlichen Gebrauch des inter erwiesen, der unmöglich einem Fälscher des elften Jahrhunderts, oder in welche Zeit man denselben auch setzen mag, bekannt

---

[1]) Unde nos vestigia — sequentes Gregorii. Vgl. damit Schreiben Nikolaus an Ludwig d. D., Mansi 15, S. 456: Gregorii vestigia aequi parati sumus.

sein konnte. Dazu kommt, daß der von Rimbert beglaubigte Theil mit den Worten delegatio, auctoritas und pallii acceptio sich genau an das Vorhergehende anschließt, während man doch unmöglich annehmen kann, daß daraus die ganze Geschichte gemacht sein könnte, oder auch nur, daß der Fälscher an diese Worte sich sollte besonders gebunden haben. Schwerlich hätte derselbe sich dann damit begnügt, die Legation, welche in dem Worte delegatio unverkennbar angedeutet war, durch das schwache delegata est cura seminandi verbum dei wiederzugeben. Endlich, und auch das ist wenigstens nicht ganz außer Acht zu lassen, wird uns in der Urkunde Nichts berichtet, was nicht auch durch die Erzählung Rimbert's beglaubigt wäre, und zwar kann dabei von einer bloßen Herübernahme aus dieser in die Urkunde nicht die Rede sein.

2. Die Urkunde Gregor's.

Das angebliche Original der Urkunde Gregor's[1] giebt sich schon aus paläographischen Gründen entschieden als spätere Fälschung zu erkennen, und kommt daher an dieser Stelle nicht weiter in Betracht. Einen andern Text hat uns Cäsar erhalten[2], und er ist es, mit dem wir uns hier zu beschäftigen haben. Datar, Schreiber und Ausstellungsjahr[3] sind nicht genannt.

Mit vorläufiger Uebergehung dessen, was auch hier als geschichtliche Einleitung voran geschickt wird, wenden wir uns sogleich demjenigen zu, was durch Gregor in Betreff des Hamburgischen Erzbisthums gethan wird, und vergleichen dasselbe mit dem betreffenden Theile der Urkunde Nikolaus.

Gregor bekräftigt (1) das Streben (studium) der Kaiser Karl und Ludwig durch diese seine Urkunde und durch Verleihung des Palliums an Anskar; überträgt ihm (2), indem er ihn neben Ebbo von Rheims zum Legaten einsetzt für alle Völker der Schweden, Dänen und Slawen und für alle übrigen, die in diesen Gegenden

---

[1] Lappenberg No. 9, Jaffé 1959.

[2] S. 179 ff.

[3] Jaffé setzt sie c. 834; wohl nur weil Lappenberg sie neben die Urk. Ludwigs d. Fr. aus diesem Jahr gestellt hat. Sie wird wohl in das Jahr 831, als in das Jahr der Errichtung des Erzstiftes gesetzt werden müssen. Langebek, S. S. Rer. Danic. 1, S. 515 setzt sie etwa Anfang 832.

das Christenthum annehmen, die publica evangelizandi auctoritas; bestimmt (3), daß die sedes Nordalbingorum, Hammaburg von nun an eine erzbischöfliche sein solle, und trifft (4) Bestimmungen über Weihe und Wahl der Nachfolger Anskar's.

Nikolaus bekräftigt (1) den Wunsch (votum) der Fürsten Ludwig d. Fr. und Ludwig d. D. in derselben Weise (statt praesenti auctoritate steht huius apostolicae auctoritatis praecepto); überträgt (2) wie Gregor dem Anskar, doch ihm ausschließlich, die Legation; ernennt (3) Hamburg von nun an zu einem erzbischöflichen Sitze, und trifft (4) dieselben Bestimmungen über die Wahl der Nachfolger Anskar's.

Der Abweichungen sind ersichtlich zweierlei. Es fehlt zunächst in der Urkunde Nikolaus die Bestimmung über die Weihe der Hamburgischen Erzbischöfe, daß nämlich dieselbe, so lange bis der Hamburgischen Kirche aus den jetzt heidnischen Landen Bisthümer erwüchsen, der Anordnung des Hofes überlassen sein solle (Consecrationem vero succedentium sacerdotum, donec consecrantium numerus augeatur ex gentibus, sacrae palatinae providentiae interim committimus). Sie findet ihre Bestätigung durch den Verfasser der Vita Rimberti, der die eigenthümlichen Ausdrücke der Urkunde verständlicher zu machen sucht [1]. Das Vorhandensein jenes Passus in der Urkunde Gregor's kann also nicht befremden, sondern eher das Fehlen desselben in der Urkunde Nikolaus und hat auch wirklich diese verdächtigt [2]. Aber da schon in der Abschrift Rimbert's die Bestimmung fehlt, auch nicht angenommen werden kann, daß dieselbe an einer anderen, von Rimbert nicht mit aufgenommenen Stelle der Urkunde gestanden habe, weil sie

---

[1] M. G. 2, S. 770. In cartis autem apostolicorum Romanae sedis pontificum, a quibus privilegium archiepiscopale sanccitur sedi quam tunc ipse (Rimbert) suscepit, etiam hoc continetur, ut quia propter novellam eiusdem sedis institucionem, et necdum conversos ad fidem populos suffraganei non habentur episcopi, a quibus decedente uno alter archiepiscopus consecretur; palatinae interim providentiae succedentium per tempora pontificum consecratio sit commissa, donec numerus suffraganeorum episcoporum canonice eum consecrare debentium ex gentibus suppleatur.

[2] Dümmler I, S. 524. Anm. 28.

durchaus da gesucht werden muß, wo die Anordnungen Gregor's
von Nikolaus bestätigt werden, so ist auch zu diesem Verdachte
kein hinreichender Grund. Daß aber andrerseits nicht die Stelle
in der Urkunde Gregor's aus der Vita geflossen sein kann, ergiebt
sich unzweifelhaft aus der Vergleichung: der Ausdruck ist schwer-
fällig und wenig durchsichtig, unmöglich ist die Annahme, daß ein
Fälscher die succedentes — pontifices in succedentes sacerdotes
und den numerus suffraganeorum episcoporum in einen bloßen
numerus consecrantium abgeschwächt haben sollte. Dazu kommt,
daß der Satz genau an derjenigen Stelle steht, wo wir ihn in
einer echten Urkunde erwarten dürfen, die Bestimmung über die
Weihe unmittelbar neben der über die Wahl, und endlich, daß
gar kein Zweck bei Aufnahme dieses Passus in eine Fälschung
abgesehen werden kann.

Eine zweite Abweichung ist die, daß in der Urkunde Gregor's
die Legation Ebbo's erwähnt wird. Diese ist ganz ohne Bedenken,
da wir durch Rimbert wissen, daß Ebbo schon früher vom Papste
Paschalis mit derselben betraut war, da wir die betreffende Urkunde
dieses Papstes noch besitzen[1]), und da auch Rimbert bemerkt, die
Legation sei Anskar neben Ebbo übertragen[2]). Aus dem Umstande,
daß Rimbert das in dem Bericht über die Urkunde Gregor's erzählt
und dann, offenbar als Erläuterung, hinzusetzt, Ebbo sei die Legation schon früher übertragen gewesen, was zu berichten er ver-
gessen habe, läßt sich schließen, daß die betreffende Stelle in der
Urkunde gestanden haben müsse. Sodann widerspricht der Annahme

---

[1]) Lappenberg No. 6, Jaffé 1940.
[2]) V. A. Kap. 13. M. G. 2, S. 699: Quod etiam ipse (Gregor) tam decreti
sui auctoritate, quam etiam pallii datione, more praedecessorum
suorum roboravit, atque ipsum in praesentia constitutum legatum
in omnibus circumquaque gentibus Sueonum sive Danorum, nec
non etiam Slavorum, aliarumque in aquilonis partibus gentium
constitutarum, una cum Ebone Remensi archiepiscopo, qui ipsam
legationem ante susceperat, delegavit: et ante corpus et confessionem sancti Petri apostoli publicam evangelizandi tribuit auctoritatem. —— Porro, ut praemisimus, eadem legatio auctoritate
Paschalis papae Eboni Remensi archiepiscopo prius commendata
fuerat.

einer Fälschung alles das, was wir sonst über die Tendenzen des Fälschers wissen, daß nämlich überall, und so auch in dem falschen Original der Urkunde Gregor's, Ebbo's Name und seine Rechte auf die Legation ausgelöscht sind. — Daß aber in der Urkunde Nikolaus diese Stelle fehlt, erklärt sich in einfachster Weise daraus, daß Ebbo schon lange vor Erlaß derselben gestorben war[1]).

Mit dem Wegfall dieser Stelle ist äußerlich Anderes verbunden. — In der Urkunde Gregor's heißt es, der Papst habe Anskar die publica evangelizandi auctoritas übertragen ante corpus et confessionem sancti Petri. Auch diese Stelle wird durch Rimbert als in der Urkunde befindlich erwiesen und findet sich außerdem ebenso (statt sancti Petri steht ipsius principis apostolorum) in der Urkunde Paschalis' für Ebbo. Formell kann also die Erwähnung des Ortes nicht auffällig erscheinen, und sachlich findet sie ihre Erklärung durch die Anwesenheit früher Ebbo's, jetzt Anskar's in Rom. In der Urkunde Nikolaus fehlt sie dagegen, weil um 864 Anskar nicht selbst nach Rom gekommen war, sondern nur einen Presbyter, Nordfried, mit Salomo geschickt hatte[2]). — Durch den Umstand, daß die Erwähnung Ebbo's und des Ortes in die Urkunde Nikolaus nicht aufgenommen werden sollte, erklärt es sich, daß gleichzeitig aus Versehen ein anderes Wort wegfiel, wodurch der Sinn des Satzes unverständlich wurde. In der Urkunde Gregor's heißt es: Ipsumque filium nostrum, iam dictum Ansgarium, legatum — una cum Ebone Rhemensi archiepiscopo, statuentes, ante corpus et confessionem sancti Petri publicam evangelizandi tribuimus auctoritatem. Von una bis archiepiscopo und von ante bis Petri sollte in der Urkunde Nikolaus fortfallen, aber der Schreiber hat auch das dazwischen stehende statuentes weggelassen und so das filium — legatum mit tribuimus verbunden. Lappenberg hat den Vordersatz in den Dativ zu setzen vorgeschlagen[3]), aber der Vergleich mit der Urkunde Gregor's ergiebt die genannte, irrthümliche Auslassung des statuentes. —

---

[1]) 851, März 20.

[2]) V. A. Kap. 23. M. G. 2, S. 707.

[3]) Hamb. Urkbb. S. 22 Anm. s.

Die Urkunde Gregor's, das ist das Ergebniß, stimmt also fast vollständig mit derjenigen Nikolaus überein; diese ist durch Rimbert's Abschrift beglaubigt und erhärtet wiederum durch diese Uebereinstimmung die Echtheit jener, die auch an und für sich nichts Anstößiges enthält, und durch die genannten Abweichungen von der späteren Bestätigung keinen Grund zum Verdachte giebt, sondern im Gegentheil weitere Beglaubigung empfängt.

Auch den Anordnungen Gregor's geht eine erzählende Einleitung voran. Karl der Große habe zur Zeit der Vorgänger des Papstes das Sachsenvolk dem Christenthume gewonnen, habe bis an die Grenzen der Dänen und Slawen die trotzigen Gemüther, mit dem Schwerte sie bändigend, das Christenthum gelehrt. Den äußersten Theil seines Reiches, jenseit der Elbe, habe er mit einem eigenen Bisthum zu begaben gedacht, damit derselbe, von Heiden umgeben, nicht in den Glauben derselben zurück fallen, sondern auch sie zum Christenthum herüberzuziehen dienen möge. Kaiser Karl habe diesen Gedanken auszuführen der Tod verhindert; aber Ludwig habe denselben wieder aufgenommen und verwirklicht. Dem Papste sei nun das Geschehene durch die Bischöfe Ratold und Bernold und den Grafen und Missus [1]) Gerold zur Bestätigung mitgetheilt worden. Kurz zusammengefaßt, hat also Karl in Nordalbingien ein Bisthum gründen wollen, ist aber darüber hinweg gestorben; Ludwig aber hat dasselbe wirklich errichtet und wünscht die Bestätigung abseiten des Papstes. Diese ertheilt Gregor, wie schon vorweg erzählt ist, da er alles bisher Gethane als Gott wohlgefällig erkennt, und durch den persönlich anwesenden Anskar, den ersten Bischof der Nordalbingier, durch Bischof Drogo von Metz geweiht, des Näheren unterrichtet ist.

Es scheint auffällig, daß hier nur von einem Bisthum die Rede ist, daß auch Anskar nur Bischof genannt wird, da doch der

---

[1]) Auch der Ausdruck ist zu beachten: per venerabiles Ratoldum sive Bernoldum episcopos, nec non et Geroldum comitem vel missum venerabilem. Rimbert hat: per missos suos venerabiles Bernoldum et Ratoldum episcopos ac Geroldum illustrissimum comitem, also weniger technisch.

Papst denselben entschieden als Erzbischof anerkennt. Er bestimmt ausdrücklich, daß Hamburg ein erzbischöflicher Sitz sein solle und übergiebt Anskar in dem Pallium das Zeichen der erzbischöflichen Würde. Man könnte meinen, daß Ludwig wirklich nur ein Bisthum, freilich dann wohl ein gefreites, habe gründen wollen, daß aber Gregor darüber hinausgegangen sei, den Plan des Kaisers erweitert habe. Aber ein solcher Unterschied wäre entschieden auf irgend eine Weise bemerkbar gemacht worden, und Gregor nennt die Verleihung des Palliums an Anskar eben eine Folge des kaiserlichen Wunsches: sanctum studium magnorum imperatorum tam praesenti auctoritate, quam etiam pallii datione — roborare decrevimus. Ebenso wenig scheint die Annahme wahrscheinlich, als habe der Papst dem Kaiser das Recht, ein neues Erzbisthum zu gründen, indirekt absprechen, sich dasselbe vorbehalten, jenem nur die Errichtung von Bisthümern freigeben wollen. Noch weniger endlich wäre die Ansicht aufrecht zu halten, daß die Verleihung des Palliums und des erzbischöflichen Titels nur mit dem Recht der Legation in Zusammenhang gestanden habe, denn Hamburg wird ausdrücklich zum erzbischöflichen Sitze erhoben, der erzbischöfliche Titel ist also hier nicht ein nur persönlicher, sondern an den Ort gebundener. Vielleicht sind die Ausdrücke mehr zufällig als gewählt: das Erzbisthum war ja ein solches nur dem Namen nach, so lange noch ihm untergeordnete Bisthümer fehlten, und um so leichter konnte daher hier das Wort Bischof in der allgemeineren Bedeutung gebraucht werden, in welcher auch Erzbischöfe und Patriarchen darunter verstanden werden.

Ein Zeugniß für das Alter dieses Theils der Urkunde, wie sie in der Cäsar'schen Fassung uns vorliegt, gewährt seine Benutzung durch den Fälscher der Urkunde Ludwig's des Deutschen für Rameslohe[1]). Denn daß nicht die Urkunde Gregor's aus der Urkunde Ludwig's geschöpft haben kann, und daß nicht beide von demselben Fälscher herrühren können, beweist der Umstand, daß der Ausdruck Gregor's, Karl habe die Sachsen bekehrt zur Zeit seiner, des Papstes, Vorgänger, auf die ungeschickteste Weise von dem Fälscher der Königsurkunde beibehalten wird: Karl habe die

---

[1]) S. unten.

2

Sachsen bekehrt zur Zeit seiner, Ludwig's b. D., Vorgänger. Und daß es eben der Cäsar'sche Text war, welcher dem Fälscher vorlag, ergiebt sich aus folgendem Vergleiche:

Cäsar.	Rameöl. Urt.	Falsches Original.
Sed quia effectum mors prohibuerat.	Sed quia effectum mors prohibuerat.	Sed quia mors effectum prohibuerat.

Die Echtheit dieses Theils der Urkunde ist wiederholt angegriffen. Sein Inhalt kehrt wieder bei Rimbert (Kap. 12), der noch einzelne weitere Nachrichten mittheilt.

Kaiser Ludwig wünschte an der Grenze seines Reiches einen Bisthumssitz zu errichten, von dem aus durch den dort eingesetzten Bischof die Taufe der norbischen Völker und ihre Erhaltung für das Christenthum leichter bewirkt werden könnte. Da ward ihm durch einige seiner Großen mitgetheilt, daß sein Vater Karl, da er nach Unterwerfung der Sachsen [1]) das Land in Bisthümer zerlegt, Norbalbingien keinem Bischof untergeordnet habe, denn er habe beabsichtigt, daselbst einen erzbischöflichen Sitz aufzurichten, von dem aus sich das Christenthum über die auswärtigen Völker zu verbreiten vermöge. Karl hat deshalb, erzählt Rimbert weiter, die erste Kirche durch einen Bischof von Gallien weihen lassen, den Sprengel dem Presbyter Heribag übergeben, und durchaus nicht gewollt, daß einer der benachbarten Bischöfe sich Gewalt über den Ort anmaße. Er hat auch den Heribag zum Bischof weihen

---

[1]) Die Stelle in der Urt. Gregors heißt: rex Karolus — gentem Saxonum sacro cultui subdidit, lugumque Christi, quod suare ac leve est, adusque terminos Danorum sive Slavorum, corda ferocia ferro perdomans docuit; bei Rimbert: Karolus — omnem Saxoniam ferro perdomitam et iugo Christi subditam etc. Man wird doch wohl annehmen müssen, daß ein solcher Ausbruck in der verlorenen echten Urt. Ludwigs d. Fr. gleichfalls gewesen. Eine Urt. Arnulfs, Böhmer No. 1025 (Erhard, Cod. No. 33), sagt mit Bezug auf Ludwig: gentem quam pater suus — Karolus ferro edomitam ad christianitatis fidem convertit. Aehnliche Stellen finden sich natürlich aber auch in den Schriftstellern (Vita Willeb. Kap. 9, M. G. 2, S. 383: Post haec vero cum — sub leni iugo Christi Saxonum ferocia licet coacta iam mitescerent colla, möchte wohl eine Reminiscenz Anskars an die Urkunde Gregors sein); vgl. Lappenberg, Urlbb. S. 12, Anm. 3, der mit Unrecht darauf Gewicht zu legen scheint.

zu laſſen beabſichtigt, aber der Tod hat ihn daran verhindert, und von Ludwig iſt Nordalbingien in zwei Theile getheilt und den be- nachbarten Biſchöfen (von Bremen und von Verden) übergeben. Nun aber von des Vaters Abſicht in Kenntniß geſetzt, habe Ludwig, damit von den Planen deſſelben Nichts unerfüllt bleibe, in Ham- burg einen erzbiſchöflichen Sitz errichtet und Anskar zum Erzbiſchof für denſelben weihen laſſen.

Gegen die Glaubwürdigkeit dieſer Erzählung hat namentlich Rettberg ſich erklärt [1]. Rimbert's Zeugniß ſei nicht unparteiiſch, denn ſeinem Stuhle habe daran liegen müſſen, die Stiftung des Hamburgiſchen Erzbisthums als einen Entwurf Karl's hinzuſtellen, um die Einwendungen Bremens und Verdens gegen die durch Errichtung deſſelben nothwendig gewordene Verkürzung ihres Sprengels abzuſchneiden. Nur für die Anskar betreffenden Ereig- niſſe, nicht aber für Karl's Entwürfe, verdiene Rimbert Glauben, nur das Vorhandenſein einer Kirche in Hamburg unter dem Pres- byter Heridag ſei für die Zeit Kaiſer Karl's als ausgemacht zu betrachten.

Dieſe Bedenken ſind indeſſen nicht begründet. In wie fern Rimbert's etwa 865 niedergeſchriebene Erzählungen Einwendungen hätten abſchneiden ſollen, die doch nur bei der um 831 erfolgten Errichtung des Hamburgiſchen Erzſtiftes hätten erhoben werden können, läßt ſich ebenſo wenig einſehen, wie — wenn das die Meinung der Einwendung ſein ſollte — die um 831 erfundenen Abſichten Karl's bei Ludwig oder gar bei den betreffenden Biſchöfen hätten Glauben finden ſollen. Ferner erzählt nicht Rimbert, Karl habe dieſe Abſicht gehabt, ſondern er berichtet, und vermuthlich nach der uns nicht erhaltenen Stiftungsurkunde Ludwig's, daß dies dem Kaiſer von einigen ſeiner Getreuen erzählt ſei. Jeden- falls gehört alſo die Nachricht nicht dem Gebiete des Rimbert'ſchen Meinens an, ſondern hat den Charakter einer Angabe von That- ſächlichem.

Sehen wir aber ab von allen Abſichten und ſtellen nur die Thatſachen zuſammen, ſo ergiebt ſich Folgendes: Unter Karl beſtand eine Kirche in Nordalbingien, in Hamburg erbaut. Heridag, der

---

[1] Kirchengeſch. Deutſchlands 2, S. 491 ff.

Priester an derselben, und wie er auch das nordelbische Land, war keinem der benachbarten Bischöfe untergeben [1]), sondern unabhängig. Zu seinem Unterhalte war ihm, wie später noch näher zu besprechen sein wird, das Kloster Rodnach zugewiesen. Nimmt man diese drei Punkte zusammen, so kann man kaum etwas Anderes daraus machen, als eine kirchliche Einrichtung, wie sie uns unter Karl überall in Sachsen entgegentritt: der Vorsteher heißt zwar nicht Bischof, nimmt aber eine Stellung ein, die nur eine vorläufige sein kann, der die Erhebung ihres Inhabers zum Bischof nach=folgen muß. Mehr freilich wollen auch wir von dem Berichte Rimbert's nicht vertheidigen, der Plan zu einem Erzbisthum, zu einer Missionsanstalt für den Norden mag allenfalls in der Urkunde Ludwig's Karl zugeschrieben sein, ist aber schwerlich früher als durch die Erfolge der Missionsthätigkeit Anskar's entstanden.

Nach diesem Allen müssen wir auch diesen Theil der in einem andern schon acceptirten Urkunde Gregor's für echt erklären: er entspricht dem, was wir auch sonst glaubwürdig berichtet finden, ohne doch diesem Berichte nachgebildet zu sein, enthält Nichts, woraus der Zweck einer Fälschung zu ersehen wäre, und wird verhältnißmäßig früh zum Muster eines falschen Diploms benutzt.

Die Stellung des Hamburgischen Erzbischofs, wie sie aus der Urkunde Gregor's sich ergiebt, ist eine eigenthümliche. Sein Diöcesansprengel besteht aus dem Lande der Nordelbinger, das früher dem Presbyter Heridag untergeben, später unter Bremen und Verden vertheilt war, nun aber von diesen Bisthümern wieder abgelöst und Anskar als eine unabhängige und erzbischöfliche Diöcese zugewiesen ist. — Mit dem Erzstift aufs engste verbunden ist die Mission. Ludwig hat die nordelbische Stiftung gegründet, um der Missionsthätigkeit Anskar's einen Mittelpunkt zu geben, und Gregor hat das Erzbisthum bestätigt, damit Anskar und seine Nachfolger desto kräftiger in der Heidenbekehrung dastehen könnten. Trotz dieser engen Verbindung ist doch die Art derselben nicht klar aus=gedrückt. Vor Allem ist festzuhalten, daß das Recht zur Mission

---

[1]) Denn wie wäre sonst das spätere Verhältniß entstanden, wo Bremen und Verden jedes einen Theil besaß?

auf einer vom Papst zu ertheilenden Legation beruhte. Ebbo
hatte dieses Recht für den Norden von Paschalis erhalten, und
der Umstand, daß die Mission früher eröffnet war, erst nachher
das Hamburgische Erzstift gegründet, verhinderte eine vollständige
Vereinigung zwischen diesem und jener [1]). Anskar erhält die Legation, aber neben Erzbischof Ebbo [2]). Offenbar ist aber doch für
das Missionswerk nicht bloß auf die Thätigkeit des jetzigen Inhabers des Hamburgischen Erzbisthums gerechnet, sondern auch
auf die seiner Nachfolger: immer soll nur ein missionarisch tüchtiger
Mann zum Erzbischof gewählt werden [3]). Und der Pflicht steht
ebenso klar das Recht gegenüber, denn die Bestimmung, daß die
Weihe der Nachfolger Anskar's der Fürsorge der kaiserlichen Pfalz
überlassen sein solle, bis aus den Heiden heraus die Weihenden
erwüchsen, kann nicht anders verstanden werden, als daß die künf-
tigen Bischöfe in den jetzt heidnischen Landen Suffragane des
Hamburgischen Erzbischofs sein sollen [4]). Es sollen also die Vorsteher der Hamburgischen Kirche als solche zur Mission verpflichtet
und zu einer Metropolitangewalt über die zu gründenden Bisthümer berechtigt sein, aber die Legation, die durch Recht und
Pflicht vorausgesetzt und bedingt ist, wird nicht mit dem Erzbisthum
verbunden, nicht den Nachfolgern Anskar's verheißen, sondern nur
diesem übertragen und nicht einmal ihm ausschließlich [5]). Allerdings
hatte die Uebertragung der Legation an Ebbo einen wesentlich
anderen Charakter. Er erwarb durch dieselbe auch dann, wenn
durch seine missionarische Thätigkeit Erfolge erzielt sein sollten,
seinem Erzstifte keinerlei Ansprüche: sein Recht hatte einen durchaus
nur persönlichen Charakter, während dasjenige Anskar's, wenn

---

[1]) Andere Gründe weiß Gfrörer, Gesch. der Karolinger 1, S. 124 anzuführen.
[2]) Maurer I, S. 18 ff. geht von der Ansicht aus, daß die Verdienste Ebbos zu
gering angeschlagen würden, scheint aber seinerseits Stellung und
Thätigkeit Ebbos und namentlich Halitgars zu überschätzen.
[3]) Strenui vero praedicatoris personae tantoque officio aptae eligatur
semper successio.
[4]) S. oben die mitgetheilte Stelle.
[5]) Laspeyres S. 34 ff. hat bei seiner Würdigung der Urk. Gregors vom
rechtlichen Standpunkt aus das falsche Original benutzt, und andere
falsche Urkk. zum Vergleich herangezogen; die Resultate seiner ein-
gehenden Erörterung können wir also nicht annehmen.

auch nur an seine Person geknüpft, doch seinem Stuhle als Me=
tropolitensitz dauernde Rechte verschaffen konnte. Das Recht Beider
ruhte auf dem Mann, nicht auf dem Amte, aber bei dem Einen
war es vollständig von diesem getrennt, bei dem Andern stand es
zu ihm in engster Beziehung. Es hat daher fortgedauert, als
Ebbo nicht mehr Erzbischof von Rheims war, es hat fortgedauert,
auch als Anskar sein Erzbisthum verloren hatte, aber während
Ebbo's Nachfolger weder daran denken konnte noch daran gedacht
hat, sich um die Nachfolge auch in der päpstlichen Legation zu
bewerben, ist das Hamburgische Erzstift eben dieser Legation wegen
wieder aufgerichtet worden, mußten auch die Nachfolger Anskar's
dieses Recht zu erhalten, sich dauernd zu sichern suchen. — Aus
dem Gesagten ergiebt sich denn auch, was der Metropolitan=
gewalt des Hamburgischen Erzbischofs untergeben sein sollte: alles
das, was durch die auf der Legation beruhende missionarische
Thätigkeit dem Christenthum zugeführt werden wird. Die Grenzen
sind nur durch die Grenzen des Legationsgebietes gesteckt: für
Ebbo einst in partibus aquilonis, nun für Ebbo und Anskar zu=
sammen in omnibus circumquaque gentibus Sueonum sive
Danorum, nec non etiam Slavorum vel in caeteris ubicunque
illis in partibus constitutis divina pietas ostium aperuerit.
Offenbar soll der letztere Ausdruck dem ersteren gleichbedeutend
sein, denn das Hervorheben der einzelnen Völker weist nur darauf
hin, wo das Missionswerk schon in Angriff oder mindestens doch
in Aussicht genommen ist.

Der Schluß der Urkunde enthält dann die Bestätigung alles
dessen, was in Angelegenheit des Erzbisthums von Ludwig dem
Frommen gethan, die Androhung des Bannfluchs für die Verletzer
dieser Anordnungen, und endlich die Verleihung des Palliums an
Anskar in den herkömmlichen Formeln [1]).

3. Die Urkunde Nikolaus, zweiter Theil.

Von dem ausgehend, was durch die von ihm bestätigte Urkunde
Gregor's gesetzt ist, beginnt Nikolaus den zweiten Theil seiner Bulle
mit der Erzählung der weiteren Schicksale des Hamburgischen Erzstiftes.

---

[1]) S. unten.

Nach dem Tode Ludwig's des Frommen hat Karl der Kahle das Kloster Turholt, das durch die Theilung des Reiches auf seinen Antheil gekommen war, dem Hamburgischen Erzbisthum entzogen, dem es zur Unterstützung und zum Unterhalt seines Bischofs und seiner Geistlichen von Ludwig war geschenkt worden. Da haben, wie erzählt wird, alle Geistlichen sich zurückzuziehen begonnen: da ihnen das Nothwendigste fehlte, verließen sie die Länder der Heiden, und die Heidenbekehrung (legatio ad gentes) ging daher zurück und die Metropolis Hamburg selbst war fast ganz verlassen. Während dessen starb der Bischof der benachbarten Bremer Diöcese, und da nun König Ludwig diese vakant, die Hamburger Mangel leidend, beide durch die Wuth der Barbaren verringert erblickte, so wünschte er die Bremer Kirche der neuen erzbischöflichen zu verbinden und unterzuordnen, indem der Papst dies durch sein Dekret bestätige. Durch den Gesandten Ludwig's, Bischof Salomon, ist Nikolaus um diese Bestätigung gebeten, und in Erwägung, daß diese Vereinigung wegen der vorhandenen Noth und wegen des schon erreichten Gewinnes än Seelen nothwendig sein werde, und daß Alles, was der Kirche zum Nutzen gereiche und den göttlichen Geboten nicht widerstreite, erlaubt und zu thun sei, bestätigt der Papst dem Wunsche des Königs gemäß, daß die Hamburger und die Bremer Diöcese fortab nicht zwei, sondern eine sein und heißen, und demjenigen Sitze untergeben sein sollen, welcher durch Gregor mit der erzbischöflichen Würde begabt ist.

Die wenigen Sätze sollen erzählen, was seit der Gründung des Erzstiftes geschehen ist, um dadurch den zweiten von Nikolaus vorgenommenen Rechtsakt zu erläutern und zu begründen. Auch hierbei tritt wieder die Bedeutung der Legation hervor: die Entziehung Turholts wird als Ausgangspunkt gesetzt, weil aus ihr der Rückgang des Bekehrungswerkes resultirte, und der Papst geht auf die Bitten Ludwig's ein propter instantem necessitatem et animarum lucra in gentibus demonstrata. Aber viel mehr als dies, als die Auffassung des päpstlichen Stuhles, lernen wir auch aus der Urkunde nicht kennen, und wir sind daher für die Ereignisse selbst auf die Erzählung Rimbert's angewiesen.

Die Legation für den Norden war Ebbo und Anskar von Gregor gemeinsam übertragen, ohne daß einem Jeden sei es

ein bestimmtes Gebiet, seien es bestimmte Befugnisse, zugewiesen
wären. Eine solche Auseinandersetzung aber mußte sich gleich nach
der Erhebung Anskar's zum Erzbischof als nothwendig erweisen,
denn schon war von Anskar in Schweden eine christliche Gemeinde
begründet, welche die ständige Anwesenheit eines Geistlichen noth=
wendig machte, und in Dänemark waren wenigstens die Anfänge
zur Bekehrung gemacht, die gleichfalls Fortsetzung geistlicher Thä=
tigkeit erheischten. Es wurde beschlossen, in Schweden, als dem
der Christianisirung günstigsten Boden, einen eigenen Bischof ein=
zusetzen. Man sollte meinen, der dabei einzuschlagenden Wege
wären zwei gewesen: entweder Anskar und Ebbo als gemeinsame
Inhaber der Legation ordinirten überall da, wo ein neues Bisthum
begründet war, den Vorsteher desselben in Gemeinschaft, oder jeder
von ihnen setzte den Bischof da ein, wo seine Anstrengung das
Bisthum geschaffen hatte. Jedenfalls aber unterstand dann der
neue Bischof, in welcher Weise er auch eingesetzt war, von seiner
Ordination an der Metropolitangewalt des Hamburgischen Erz=
bischofs, weil allein dieser eine solche für den Norden erlangt hatte.
Von diesem Allen ist nun aber Nichts geschehen. Ebbo schickte
seinen Neffen Gautbert nach Schweden, „gewissermaßen an seiner
Statt" bestimmt er ihn zum Legaten für die Schweden und weiht
ihn in Gemeinschaft mit Anskar [1]). Vor Allem ist also unverkennbar,
daß zwischen Ebbo und Anskar eine Theilung des Legationsgebietes
vorgenommen wird, Ebbo ist es, der Gautbert nach Schweden
bestimmt, und erst nach diesem einseitigen Akt folgt die gemeinsame
Konsekration. Aber dabei ist man nicht stehen geblieben: die in
Folge der stattgehabten Auseinandersetzung mit Anskar erlangte

---

[1]) V. A. Kap. 14. (2, S. 699) — Ebo — Gauzbertum —, ad hoc opus
electum et pontificali insignitum honore — ad partes direxit Sueonum;
— eumque quasi vice sua, qui idem praedicandi officium prius
auctoritate apostolica suscepit, legatum in gentibus Sueonum
esse constituit. Die Stelle ist, wie mir scheint, noch nicht nach ihrer
Bedeutung gewürdigt. Gfrörer 1, S. 125 meint, man sei dahin über=
eingekommen, daß Ebbo »abwechselnd mit Anskar die Oberaufsicht
über die nordischen Kirchen führen sollte«, Ebbo oder der, »dem seine
Rechte des Apostolats übertragen waren«. Diese Uebertragung aber
geschah nach ihm (1, S. 180) einfach durch den Tod Ebbos.

ausschließliche Legation für die Schweden benutzt Ebbo nicht dazu, einen Bischof einzusetzen, der dann der Metropolitangewalt Anskar's unterworfen gewesen wäre, sondern er überträgt stellvertretungsweise seinen Antheil an der Legation dem Gautbert, der kraft dieser Uebertragung eine derjenigen Anskar's nicht untergeordnete, sondern — wie die Ebbo's — nebengeordnete Gewalt ausübt, nur daß dieselbe allein auf der Stellvertretung, die Anskar's dagegen auf eigenem Rechte beruht. Freilich mag man sich das Verhältniß schwerlich vom rechtlichen Standpunkte aus klar gemacht haben, sondern Gründe der Billigkeit werden allein dabei maßgebend gewesen sein, denn fortwährend bestand zwischen Anskar und Ebbo ein nahes, freundschaftliches Verhältniß, und so erklärt es sich denn auch, wie nun doch die Weihe Gautbert's von Beiden gemeinschaftlich vollzogen wurde. Ueberwiegt aber auch der Charakter der gütlichen Vereinbarung entschieden den der rechtlichen Auseinandersetzung, so müssen wir doch, den letzteren aufrecht erhaltend, es hervorheben, daß der geschlossene Vertrag nachtheilig, wenigstens gefährlich für das Hamburgische Erzstift war, daß er ein Bisthum in Schweden schuf, das mindestens zeitweilig unabhängig dastand, daß er die Aussicht Anskar's auf ausschließliche Erlangung des Rechtes der Legation in eine weitere Ferne rückte, als es die Bestimmung Gregor's gethan. — Noch schärfer tritt die Unterscheidung der beiden Legationsgebiete durch das Auseinanderhalten dessen hervor, was jedem derselben an Besitzungen zukam. Als früher Ebbo die nordische Mission zuerst bei den Dänen eröffnet, hatte ihm Kaiser Ludwig den Ort Welanao in der Nähe der Itzehoer Burg zur Unterstützung für dieselbe geschenkt. Nun wurde auf Ebbo's Bitten Welanao von Ludwig an Gautbert gegeben. Obgleich also zu Gunsten der Missionsthätigkeit unter den Dänen bestimmt, wurde der Ort jetzt der schwedischen Mission[1]) zugewandt, weil Ebbo diese bei der Auseinandersetzung mit Anskar übernommen hatte. Wie also Anskar für die Thätigkeit auf seinem Legationsgebiet die Einkünfte des Klosters Turholt zukamen, so sollte auch Gautbert als Vertreter Ebbo's bei der Ausübung seines Legationsrechts auf Welanao sich stützen können. —

---

[1]) ut scilicet ad ipsius ministerium officii perpetua stabilitate deserviret.

Die schwedische Legation ist selbständig geblieben auch über Ebbo's Tod hinaus, entweder weil friedliches Uebereinkommen mit Anskar oder weil des Papstes Bestätigung [1] Gautbert zu eigenem Rechte überließ, was er stellvertretungsweise von Ebbo überkommen hatte. Als Gautbert durch einen Volksaufstand, etwa 845, aus Schweden vertrieben war, und in Osnabrück die bischöfliche Würde bekleidete, schickte zwar Anskar den Eremiten Ardgar nach Schweden, wo damals schon seit sieben Jahren die

---

[1] Von Lappenberg, Urkbb. No. 18, ist ein zuerst von Mader, im Anhang zu seiner Ausgabe Adams S. 246, bekannt gemachtes Schreiben ab= gedruckt, das Mader mit der Apologie Ebbos ex cod. msto. biblio- thecae Juliae entnahm, den Ebert, Archiv 6, S. 27, in das 10. Jahrh. setzt; vgl. Lappenberg, S. 9, Anm. 1. — Nach einer Abschrift der Bulle Paschalis für Ebbo folgt: Similiter auctoritate huius aposto- lici privilegii adiunctus est huic legationi Anskarius episcopus cum sociis suis, confirmatione Eugenii, sequentis papae; quos succedens et Gregorius presul eadem roboratione ausit, et Simonem archi- episcopum cum Anskario pontificali pallio pariter decoratos, in archiepiscopali dignitate etc. — Daß dies ein Begleitschreiben der von Anskar an die deutschen Bischöfe geschickten Schrift über die Legation sei, gleich dem von Cäsar mitgetheilten, durch Adam beglau= bigten (Lappenberg No. 17), glaube ich nicht. Mir scheint dagegen zu sprechen, daß Anskar zur Zeit Eugens nicht Bischof war, dann das unbestimmte cum sociis suis, wohl auch das sequens papa, was mehr einer späteren Abfassungszeit entsprechen möchte, namentlich aber, daß weder Gregor einer solchen Bulle Eugens erwähnt, noch auch eine Urk. desselben für Gautbert erhalten ist, und daß endlich der Titel archiepiscopus, die dignitas archiepiscopalis und das Pallium nicht für die Stellung Gautberts zu passen scheinen, nach dem, was wir durch Rimbert wissen. Ein Schreiben Rabans an Gautbert, ad Simonem magnum sacerdotem, in Bruchstücken bei den Magdeburger Centuriatoren erhalten, worauf zuerst Dümmler I, S. 265 Anm. 63 aufmerksam gemacht hat, jetzt abgedruckt in den Forschungen 5, S. 381, kann hierher nicht bezogen werden (Cent. 9, S. 232): Transmitto vobis duos vestitus sacerdotales, casulas duas et camisias duas, bina hororia cum binis mappulis seu cingulis, item corporale et pallium. — Maurer 1, S. 24 Anm. 22 meint archiepiscopus sei entweder Schreibfehler — dagegen sprechen dig- nitas archiepiscopalis und pallium — oder sei in dem vagen Sinn eines bloßen Ehrentitels von Bischöfen gebraucht, was anzunehmen aber, wie es scheint, schon die Gleichstellung mit Anskar verbietet.

Miſſion vollſtändig barnieder gelegen hatte; aber Arbgar, ſo ſcheint es, ſollte nicht ſowohl ſelbſt prieſterliche Thätigkeit ausüben, als vielmehr Erkunbigung einziehen, ob überhaupt eine ſolche in Schweden möglich ſein werbe. Nach ber Rückkehr beſſelben wanbte ſich Anſkar an Gautbert, bamit bieſer bie ihm burch bas Legations=recht auferlegten Pflichten erfülle[1]. Gautbert aber wagte es weber nach Schweden zurückzugehen, noch hielt er es bes bort gegen ihn herrſchenden Haſſes wegen für erſprießlich, unb bat baher Anſkar bie Reiſe bahin zu übernehmen. Auf ſein Recht bagegen verzichtete er babei keineswegs, ſonbern beſtimmte ſeinen Neffen Erimbert zum Begleiter Anſkar's unb zum Prieſter in Schweden für ben Fall, baß baſelbſt ber Aufenthalt eines ſolchen ſollte gebulbet werben. Dann begaben ſich Gautbert unb Anſkar zu König Lubwig, von bieſem bie Beſtätigung ihrer Uebereinkunft zu erlangen. Die Theilung bes Legationsgebietes galt alſo boch ſo ſehr als Rechtsſache, baß bie Abweichung von einer ber babei getroffenen Beſtimmungen erſt ber königlichen Genehmigung beburfte. Vermuthlich war auch bie frühere Auseinanderſetzung bem Kaiſer zur Beſtätigung vorgelegt[2] (vielleicht bamals als er Welanao von Ebbo auf Gautbert übertragen hatte), benn burch bie Beſtätigung. bes Urſprünglichen erklärt ſich wohl am beſten bas Erforberniß einer Beſtätigung auch ber Abweichung. König Lubwig fragte, ob wirklich Anſkar's Ausübung bes Legationsrechts auf bem Legations=gebiet Gautbert's mit Genehmigung bes Letzteren geſchähe, unb erſt als bieſer ſein volles Einverſtänbniß bezeugt hatte, gab Lubwig ber verabrebeten Maßregel bie Beſtätigung, übertrug er, wie Rimbert ſich ausbrückt, auch bie ſchwediſche Legation an Anſkar[3].

---

[1] Anbers nach Gfrörer 1, S. 180: Gautbert ſei biesmal an ber Reihe geweſen.

[2] Der angeführten Stelle bei Rimbert: Ebo — Gauzbertum — direxit geht voran: Cum consensu — et voluntate — Imperatoris.

[3] V. A. Kap. 25, 2, S. 710: Hoc — ratum inter se decernentes, coram praesentia clementissimi regis venerunt Hludowici, causam-que huiuscemodi ei retulerunt, atque ut eius licentia ita fieri per-mitteretur exorabant. Qui sciscitans, utrum ipsi in hac voluntate concordes fuissent, responsum a — Gauzberto — tale accepit: »In Dei, inquit, servitio nos semper concordes et fuimus et sumus,

Diese Uebertragung aber sollte — wie schon aus dem Vorhergehenden ersichtlich — keineswegs Anskar in den dauernden Besitz
des Legationsrechts setzen, sondern bezog sich nur auf die jetzt zu
unternehmende Reise: der König gestattete, daß Anskar mit Genehmigung Gautbert's und zu Gunsten desselben auf dem schwedischen Legationsgebiet vorübergehend missionarisch thätig sei. Anskar
hat in Schweden die Duldung christlicher Predigt erwirkt und den
von Gautbert zum Priester bestimmten Erimbert in der Stellung
eines solchen zurückgelassen. Später hat Gautbert noch einmal
sein Recht zur Anwendung gebracht, indem er den Presbyter
Ansfried an die Stelle Erimbert's schickte, diesen dagegen zurück-
kehren hieß. Durch den Tod Gautbert's verlor dann die Legation
in Schweden den bisher gehabten, besonderen Träger und die
ganze Legation für den Norden fiel ungetheilt, unterschiedslos an
Anskar. Auf die Kunde von diesem Ereigniß kam der schwedische
Priester Ansfried nach Hamburg, vermuthlich um in seiner durch
Gautbert erlangten Stellung die Bestätigung Anskar's zu erhalten.
Da er dann aber hier erkrankte und starb, konnte Anskar zum
ersten Male das Legationsrecht auch in Bezug auf Schweden zur
Ausübung bringen: er hat Ragenbert, „seinen Presbyter," abge-
sandt[1]), und da dieser unterwegs ermordet wurde, den Rimbert,
der das priesterliche Amt in Schweden bis zum Tode Anskar's
verwaltet hat.

Die dänische Legation und das Hamburgische Erzstift selbst war also bis zum Ableben Gautbert's allein das der

---

et istud unanimo consensu ita fieri cupimus«. Itaque — rex —,
secundum quod inter eos convenerat, legationem hanc — pa-
stori nostro injunxit. — »Den erbetenen Urlaub«, wie Maurer 1,
S. 31, ebenso freilich Gfrörer 1, S. 178 u. 180, läßt sich das doch
nicht übersetzen. Richtig dagegen Dümmler 1, S. 357 »die schwedische
Mission«.

[1]) V. A. Kap. 33, 2, S. 716: dominus episcopus non sufferens fidem
christianitatis ibi coeptam deperire, suum illuc presbyterum,
Ragenbertum nomine, mittere disponebat. — Auch Dümmler 1,
S. 358 betont, daß Gautbert sich bis an sein Ende seine Rechte ge-
wahrt hat, meint aber, daß dieselben auf dem schwedischen Bisthum
beruhen. Vgl. auch 1, S. 265. Gfrörers Auffassung s. oben.

Thätigkeit Anskar's zugewiesene Gebiet. Von Anfang an der politischen Verhältnisse wegen ohne rechten Erfolg, verlor die Mission unter den Dänen an dem Kloster Turholt ihre vorzüglichste Stütze, und fiel, da um 845 ihr Mittelpunkt Hamburg von den Dänen zerstört ward [1]), fast vollständig zusammen. Ludwig d. D. war nicht im Stande ein Kloster in Sachsen an Anskar zu geben, das für die weitere Aufrechthaltung des Bekehrungswerkes passend gewesen wäre, und beschloß daher, Anskar das durch Leuderich's Tod [2]) vakant gewordene Bremer Bisthum zu geben. Nachdem Anskar — wie es heißt, aus Furcht, daß ihm dies in irgend einer Weise gefährlich werden könne, und um nicht der Begier beschuldigt zu werden — dieser Anordnung nur ungern beigestimmt hatte, berieth der König mit der Synode, ob nach den kanonischen Gesetzen dieselbe zulässig sei. Nach dem Urtheil der Bischöfe war es durch eine Reihe früherer Fälle gebilligt, daß Anskar, da die Hamburger Diöcese sehr klein und durch die Einfälle der Barbaren häufig verwüstet sei, die Bremer Diöcese causa solacii übergeben werde; doch solle er nicht den ganzen Hamburgischen Sprengel neben dem Bremer behalten, sondern es seien der letztere und der Verdener in dem Umfange wieder herzustellen, den sie zur Zeit Ludwig's d. Fr. gehabt. Es sollte also, das ist unverkennbar der rechtliche Sinn dieser Bestimmung, in derselben Weise, wie nach dem Tode Karl's durch Ludwig, die Selbständigkeit der Hamburger Diöcese und damit das Hamburger Erzstift aufgegeben, und jene unter die Bisthümer Verden und Bremen vertheilt werden. Durch Bestätigung des Beschlusses abseiten Ludwig's gelangte derselbe zur Ausführung: Waldgar von Verden erhielt den Theil des Hamburger Sprengels zurück, den sein Bisthum früher gehabt, kleiner als der, den Anskar mit Bremen vereinigte, aber mit der bisherigen Hauptstadt, Hamburg. Das Hamburger Erzstift hat also, was natürlich Rimbert nicht so scharf hervorhebt, damals zu

---

1) Ueber dieses Jahr verweise ich hier nur auf Dümmler I, S. 268 Anm. 74; das Chron. breve Bremense beruht entschieden zum Theil auf Adam, wie ich in einem kleineren Aufsatze nachweisen werde.

2) Er starb 845, Aug. 24; s. Lappenberg, Schmidts Ztschr. 5, S. 548 Anm.

exiſtiren aufgehört, Anskar verlor die bisherige unabhängige, erzbischöfliche Stellung, wurde dem Rechte nach abhängig, Suffragan
des Erzbiſchofs von Köln, des Metropoliten von Bremen.

Der Legation konnte dieſe Maßnahme für den Augenblick nur
erſprießlich ſein. Nicht an das Erzbiſthum geknüpft, ſondern an
die Perſon Anskar's, war ſie nicht mit jenem zu Grunde gegangen,
ſondern nahm im Gegentheil durch die reichen Mittel, die ihrem
Inhaber das Bremer Biſthum gewährte, bald einen höheren
Aufſchwung: König Erich von Dänemark ward durch Anskar dem
Chriſtenthum günſtig geſtimmt und geſtattete den Bau einer Kirche
in Schleswig. Eben dieſe günſtigen Ausſichten aber, die ſich
dadurch der Miſſion eröffneten, ließen das Nachtheilige in der
Aufhebung des Hamburgiſchen Erzſtiftes erkennen. Es war daſſelbe
als ein Mittelpunkt für die Miſſion gegründet worden, war dann,
da dieſe erloſch, bedeutungslos hinweggefallen; mit dem neuen Leben
aber, das die Miſſion gewann, war auch wieder das Bedürfniß
nach einem ſolchen Mittelpunkte vorhanden. Für die kirchlichen
Gründungen in den heidniſchen Landen, auf die doch das Streben
der Miſſion gerichtet ſein mußte, war die Leitung eines feſter begründeten — und ſchon darum nicht auf dem fremden Boden zu
errichtenden — Stiftes nöthig, das nach oben hin frei und unabhängig baſtand: dieſen Anforderungen hatte das Hamburgiſche
Erzſtift entſprochen, das Bremer Biſthum aber mußte von vornherein auf die Befriedigung derſelben verzichten: die neue Ausſicht
Biſthümer unter den Heiden zu gründen forderte alſo gebieteriſch
die Herſtellung des Hamburgiſchen Erzſtifts.

In einer weiteren Synode ward die Sache Anskar's aufs
Neue berathen, und die Biſchöfe erkannten es als ungeeignet, daß
ein anderer Biſchof den Sitz inne habe, für den Anskar ordinirt
geweſen; der König habe zwar das Recht, eine kleine Diöceſe zu
vergrößern, nicht aber den Ort zu verändern, dem durch päpſtliche
Autorität[1] die erzbiſchöfliche Würde beigelegt ſei; Anskar ſolle
daher den Sitz, für den er ordinirt, zurückempfangen, aber den
Biſchof Waldgar für dasjenige, was er (Anskar) von dem Verdener

---

[1] Der Ausdruck iſt für Gfrörer I, S. 151 Beweis, daß »der Pabſt
und der König insgeheim zuſammengewirkt« haben.

Theile der ehemaligen Hamburger Diöcese wieder erhalte, durch Abtretungen aus der Bremer Diöcese entschädigen. Der Befehl des Königs, der Beschluß der Synode und Waldgar's Zustimmung haben dem Ausführung gegeben. — Auch hier ist wieder der rechtliche Akt unklar ausgedrückt. Die erzbischöfliche Würde, das erkennt man, ward als an dem Orte Hamburg haftend betrachtet, und indem man beschloß, Anskar Hamburg zurückzugeben, weil seine Ordination ihn dafür bestimmt habe, konnte man unmöglich Anderes bezwecken, als Anskar die erzbischöfliche Würde zurückzugeben. Es ist das ein Rechtsvorgang eigenthümlicher Art. Man kann nicht sagen, daß das Erzbisthum Hamburg wiederhergestellt und mit ihm das Bisthum Bremen verbunden wäre, denn ein Theil des Gebiets, auf dem das Erzstift beruht hatte, blieb nach wie vor in den Händen Waldgar's — nur Einzelnes trat er ab, gegen Entschädigung —; ebenso wenig aber kann man auch von der Erhebung der Bremer Diöcese zu einer erzbischöflichen reden, denn die erzbischöfliche Würde knüpfte sich, wie ausdrücklich hervorgehoben wird, an Hamburg. Das erzbischöfliche Recht wird in alleiniger Verbindung mit dem Sitze gedacht, nicht mit dem diesem untergebenen Sprengel, und indem dieser Sitz an Anskar zurückgegeben wird, ertheilt man ihm damit wieder das erzbischöfliche Recht, das sich nun aber nicht mehr nur auf Nordalbingien und auf ganz Nordalbingien bezieht, sondern auf dasjenige Gebiet, das jetzt Anskar's Gewalt untergeben ist: der Bremer Bischof wird dadurch wieder Erzbischof von Hamburg, aber der Titel bedeutet Anderes als früher, und das Bisthum Bremen in seiner Verbindung mit dem einen Theile Nordalbingiens hört auf als Bisthum Bremen zu bestehen und wird zu einem erzbischöflich Hamburgischen Sprengel erhoben.

Die neue Stellung, in die man das Bisthum Bremen führte, setzte natürlich voraus, daß dasselbe aus dem Kölner Metropolitanverband ausgehoben wurde. Als die letzterwähnte Synode zusammentrat, war der Kölner Stuhl gerade erledigt: was die Bischöfe dennoch zum Nachtheil desselben beschlossen hatten, das mußte Anskar daher wünschen, nachträglich von dem neuen Erzbischof Günther anerkannt zu sehen. Günther hat seinen Bitten lange kein Gehör gegeben. Erst da in Worms im Beisein der

beiden Könige Ludwig und Lothar in einer großen Versammlung
von Bischöfen beider Reiche die Sache noch einmal besprochen ward,
und Alle die bisherigen Anordnungen für gut erkannten und
Günther um die Anerkennung derselben baten, und da dann auch
die Könige diesen Bitten sich anschlossen, hat der Erzbischof endlich
dieselbe ertheilt. Lange hatte Günther eingewandt, daß er dem
Rechte seines Erzbisthums Nichts vergeben dürfe und daß es nicht
Recht sei, einen Suffragansprengel in einen erzbischöflichen zu ver-
wandeln, dann aber machte er — nach Rimbert — seine Genehmigung von der des Papstes abhängig, und da diesem Entschlusse
alle seine Suffragane beistimmten, schickte Ludwig den Salomon
von Konstanz an Nikolaus, der nun unsere Urkunde ausstellte.

Rimbert erzählt die einzelnen Akte unmittelbar hinter einander,
der Regierungsantritt Günther's (850) und die Ertheilung seiner
Einwilligung sind nur durch ein postmodum, diese dagegen und die
Einholung der päpstlichen Bestätigung (864) gar nicht getrennt. Liegt
aber zwischen dem Ersten und Dritten ein Zeitraum von 14 Jahren,
so kann man aus Rimbert heraus nicht auf die zeitliche Zusammen-
gehörigkeit sei es des Ersten mit dem Zweiten, oder dieses mit
dem Dritten Gewicht legen. Die verschiedenen Versuche, die Genehmigung Günther's chronologisch zu bestimmen, sind von diesem
Standpunkte aus also gleichberechtigt [1]. — Die Angabe Rimbert's,

[1] Gelungen sind unserer Ansicht nach diese Versuche noch nicht. Allerdings sind mannigfache Schwierigkeiten dabei zu überwinden. Der
neben Ludwig genannte Lothar kann sowohl dessen Bruder, der Kaiser
Lothar, wie dessen Neffe, König von Lotharingien sein, denn der Ausdruck regibus wird nicht gepreßt werden dürfen. Aber weder mit
diesem, noch mit jenem Lothar, hat Ludwig, soweit uns berichtet ist,
eine Zusammenkunft in Worms gehabt, und man hat daher einen
Irrthum Rimberts annehmen zu müssen geglaubt. Als man das
Jahr 858 für das der Bestätigung Nikolaus hielt, hat man Rimberts Nachricht auf eine Vereinigung Ludwigs mit seinem Neffen um
857 bezogen, wo freilich der Reichstag in Worms, die Zusammenkunft selbst aber in Koblenz stattfand (Lappenberg, Schmidts Ztschr. 5,
S. 541). Nachdem dagegen die päpstliche Urk. wieder in das Jahr
864 gesetzt war, hat man auch die Genehmigung Günthers demselben
näher zu rücken gesucht, und daher 862 vorgeschlagen, wo wieder die
Reichsversammlung in Worms, das Zusammentreffen aber in Mainz

daß Günther seine Zustimmung von der des Papstes abhängig gemacht habe, woraus ein Näherliegen des Wormser Akts in Bezug auf das Jahr 864 gefolgert werden müßte, ist unwahr. Günther befand sich, als Salomon wirklich die Reise nach Rom antrat, in der feindseligsten Stellung zum Papstthum, war von Nikolaus erkommunicirt, wagte es aber ihm Trotz zu bieten: er hat entschieden nicht daran gedacht, seine Genehmigung durch die des Papstes bedingt zu machen. Sie war vorher nachgesucht, vorher erlangt worden, denn der Papst hebt es in dem Schreiben an Ludwig

---

war (Dümmler 1, S. 472 Anm. 19). — Eine dritte Annahme würde sich aus Folgendem ergeben. Das Scholion 7 zu Adam 1, Kap. 29 bemerkt: Concilium adunationis factum est Wormatiae presente cum episcopis caesare, sicut privilegium testatur und Adam selbst sagt: praeceptum autem regis ponit annum regni vicesimum primum. Danach also könnte man annehmen, daß zur Zeit Adams eine Urk. von der Hamb. Kirche aufbewahrt wurde, welche Ludwig im 21. Jahre seiner Regierung in Betreff der nun auch von Günther anerkannten Vereinigung Bremens mit Hamburg ausgestellt habe. Da das Regierungsjahr der Urk. entnommen, so wäre es nach der Rechnungsweise der königlichen Kanzlei jener Zeit das Jahr 854 (Vgl. Sickel, Beiträge zur Diplomatik, Wiener Sitzungsberichte Bd. 36, S. 368 u. 369). Vom 22. Mai 854 datirt eine Urk. Ludwigs aus Frankfurt, unecht nur in ihrer jetzigen Abfassung; vom 22. Juli 854 zwei andere, echte, aus Ulm (Ebenda Bd. 36, S. 389 ff. u. Bd. 39, S. 168, No. 54—56). Dazwischen würde also die Abfassung der verlorenen Urkunde liegen, mithin auch die Zusammenkunft Ludwigs mit seinem Bruder Lothar. Und wirklich hat damals eine solche stattgefunden: Lotharius fratrem suum Hludowicum super Rhenum — alloquitur (Prudentius z. J. 854). Bischof Salomon war bei dem König in Ulm (Ratperti casus S. Galli Kap. 8, M. G. 2, S. 69 und die Urkk. bei Sickel No. 55 und 56), also auch wohl bei der Zusammenkunft der Brüder, Anskar wenigstens in Deutschland und Günthers vollständig unbekanntes Itinerar stände mindestens nicht im Wege. Aber diese auf den ersten Blick sich sehr empfehlende Annahme wird doch durch den Umstand ziemlich erschüttert, daß das Regierungsjahr 21, auf dem dieselbe beruht, in Verbindung mit dem Indiktionsjahr 12 nicht nur in der Urk. Ludwigs d. Fr., sondern auch in der Urk. Karls d. Gr. für Bremen wiederkehrt, daß dieses Uebereinstimmen der chronologischen Angaben in den Hamburger Urkunden sich häufiger findet, und daß diejenigen in der Urk. Ludwigs d. Fr. nicht einer Urk. Ludwigs d. D. entlehnt sein können. Man wird also auf das Regierungsjahr 21 nicht sonderlich viel geben dürfen.

tabelnd hervor, daß man den Kölner weder um diese Zustimmung hätte angehen, noch dieser dieselbe ertheilen dürfen. — Wann also auch die Wormser Versammlung stattgefunden haben mag, der innere Zusammenhang zwischen ihr und der päpstlichen Bestätigung beruht nur auf einer tendenziösen Entstellung Rimbert's. Man hat sich mit der Zustimmung Günther's begnügt, bis diese in Folge seiner Erkommunikation eine zu unsichere Grundlage für die Vereinigung Bremens mit Hamburg erschien. Das Papstthum hatte unter Nikolaus eine Machthöhe erreicht, wie nie zuvor [1]). Nikolaus hatte den Kampf aufgenommen gegen den König Lothar und die lothringischen Bischöfe und Erzbischöfe; er hat es durchgesetzt, daß sie sich demüthigten, daß auch Kaiser Ludwig, einen Augenblick in den Kampf hineingezogen, den Frieden mit ihm nachsuchte. Auch Ludwig d. D. wünschte ein friedliches Verhältniß mit dem Papste aufrecht zu erhalten, eben deshalb erging an diesen seine Gesandtschaft. Freilich trotzte noch Günther, aber jeglichen Rückhalts beraubt; man mußte seinem Sturz als unvermeidlich entgegensehen und damit auch der Aufhebung einer Maßregel, deren Anordnung nach Nikolaus Anschauung nicht einem Erzbischof, sondern nur dem Haupte der Kirche, dem Papste, zuständig war [2]). Deshalb, unserer Ansicht nach, hat sich auch Anskar an den Papst gewandt, die Bestätigung dessen, was die Synode verfügt, zu erlangen, nicht in dem friedlichen, ruhigen Gang der Ereignisse, den Rimbert uns schildert.

In Schweden war das Christenthum durch Anskar begründet und wiederhergestellt worden, jetzt konnte das priesterliche Amt dort ruhig verwaltet werden; in Dänemark war freilich mit dem Tode König Horich's die Mission wieder untergegangen, aber Anskar hatte sie auf's Neue aufgenommen, hatte zu der einen Kirche in Schleswig eine zweite in Ripen errichten können, und Geschenke des jetzigen Königs an den Papst bezeugten diesem die Sicherheit

---

[1]) Für die hier kurz berührten Verhältnisse beziehe ich mich natürlich auf Dümmler, Band 1.

[2]) In dem schon oben angeführten Schreiben des Papstes an Ludwig d. D., bei Mansi 15, S. 456: licet a Gunthario haec non potuerit dari licentia, nec ab eo tale quid peti debuerit.

der christlichen Kirche auch im dänischen Lande. Das war erreicht durch das Wirken Anskar's, war aber ermöglicht durch das Recht der Legation, durch die unabhängige Stellung als Erzbischof, durch die Hülfsmittel des ehemaligen Bremer Bisthums.

Um des Ergebnisses willen hat Nikolaus die Faktoren aner= kannt. Er übergeht, was dazwischen liegt, was ohne die Zustim= mung des apostolischen Stuhles geschehen: die Aufhebung des Hamburgischen Erzstiftes und die Theilung seiner Diöcese unter Bremen und Verden, die Herstellung des erzbischöflichen Rechts und seine Uebertragung auf das Bisthum Bremen; aber er an= erkennt doch das Geschehene: die Diöcesen Hamburg und Bremen sollen nicht mehr zwei, sondern eine sein und genannt werden, und sollen demjenigen Sitze unterstehen, der durch die Urkunde Gregor's mit erzbischöflicher Würde begabt ist[1]), und das Verdener Bisthum soll für das ihm früher Entzogene aus der Bremer Kirche entschädigt werden. Damit ist dann auch die Befreiung des ehemaligen Bremer Sprengels aus dem Kölner Metropolitan= verbande gegeben. Daß dieselbe schon früher beschlossen und von Günther genehmigt ist, wird übergangen: fortan soll kein Kölner Erzbischof in jener Einen, dem Hamburgischen Erzsitze unterstehenden Diöcese sich irgend welche Gewalt anmaßen. Von der Legation ist unmittelbar gar nicht die Rede, aber schon bei der Bestätigung der Urkunde Gregor's war das Mitrecht Ebbo's hinweggefallen, nur Anskar dieselbe bestätigt. Ungetheilt also wird sie diesem zu= erkannt, doch eine weitere Frage ist die, ob allein ihm, oder auch seinen Nachfolgern. Die Legation und das Erzstift waren, wie wir schon vielfach gesehen, von vornherein sowohl durch die An=

---

[1]) An Ludwig freilich schreibt der Papst: Ut episcopus Bremo-nensis, — cum nostra auctoritate in praedicto loco Bremon potestatem et honorem archiepiscopatus super Danos et Swevos habeat et simili modo sui successores per tempora futura perpetualiter teneant atque possideant. Aber die Stelle kann nicht die Urkunde widerlegen, sondern muß im Gegentheil aus ihr heraus interpretirt werden. Noch weniger hat es zu bedeuten, wenn Rimbert Kap. 23, 2, S. 708 sagt: His itaque decretis — Bremensis ecclesia, adiuncta et unita sedi Hammaburgensi — quae prius metropolis constituta fuerat — facta est archiepiscopalis.

3 *

ordnung des Papstes als ihrer eigenen Natur nach, auf einander angewiesen. Das Erzstift sollte sich seine Bisthümer erst durch missionarische Thätigkeit erwerben und diese setzte das Legationsrecht voraus; die Mission ihrerseits bedurfte eines festen und unabhängigen Mittelpunkts, den ihr nur das Erzbisthum zu geben vermochte. Wie schon von Gregor vorgeschrieben, so ist auch von Nikolaus bestätigt, daß die Nachfolger Anskar's zur Ausübung der auf dem Legationsrecht beruhenden Mission geeignet sein sollten, und man kann also nicht daran zweifeln, daß ihnen nun, wo keine konkurrirenden Ansprüche mehr vorhanden waren, dieses Recht zuerkannt werden sollte. Ausdrücklich ist dies freilich doch nicht geschehen, aber indirekt deutlich genug ausgesprochen: die Erzbischöfe von Köln und alle Verehrer der wahren Religion sollen den Verwaltern der Legation Hülfe und Unterstützung gewähren; und daß diese Verwalter keine andern sein können als die Hamburgischen Erzbischöfe, beweist die Verbindung mit dem Vorhergehenden: die Hamburger Diöcese soll nicht von den Kölnern beeinträchtigt, sondern die Verwalter der sacra legatio von ihnen wie von allen Christen unterstützt werden.

In diesem Theil der Urkunde Nikolaus haben wir den Schlußstein zu dem Bau des Hamburg=Bremischen Erzbisthums. Das ehemalige Bisthum Bremen und ein Theil der ehemaligen Hamburger Diöcese bilden zusammen den erzbischöflichen Diöcesansprengel, die erzbischöfliche Würde haftet an dem Orte Hamburg. Die Metropolitangewalt geht Hand in Hand mit der auf dem Legationsrecht beruhenden Mission, und das Gebiet Beider sind die Lande der Dänen, Schweden und Slawen und aller nördlichen Völker [1].

---

[1] Der letzte Satz bedarf freilich einer gewissen Einschränkung, die wir aber besser in anderem Zusammenhange besprechen. S. unten Abschnitt III.

II. Klosterurkunden.

4. Die Urkunden für Rameslohe.

Das Original der angeblichen Urkunde Nikolaus[1] ist im königlichen Landesarchiv zu Hannover. Lappenberg hat sich für die Unechtheit entschieden[2] und Dümmler ist ihm beigetreten[3].

Ausgestellt will die Urkunde sein am 1. Juni 864, einen Tag später also als die echte Urkunde Nikolaus[4], geschrieben vom Notar, Regionar und Skriniar Leo, gegeben vom Primicerius Tiberius, im Indiktionsjahr 12. Das Regierungsjahr 15 wird hier nicht auf den Kaiser, sondern auf den Papst bezogen (statt: imperante domino piissimo augusto Ludovico, a Deo coronato magno imperatore anno quintodecimo, steht: Imperante domno piissimo papa, anno pontificatus eius quintodecimo) und Jaffé hat daher das Original verworfen, meint aber, das Vorhandensein einer echten, von einem Fälscher der Interpolation wegen abge=schriebenen Urkunde annehmen zu müssen. Vermuthlich hat ihn dazu der Umstand veranlaßt, daß der Name des Ausfertigers Leo nicht aus unserer echten Urkunde Nikolaus genommen sein kann und doch durch eine andere Urkunde beglaubigt wird, die — gleichfalls von Tiberius gegeben — geschrieben ist per manum Leonis notarii, regionarii et scriniarii S. R. E.[5]. Aber für mehr als für ein zufälliges Zusammentreffen können wir das nicht halten. Wie statt des 31. Mai der echten Urkunde Nikolaus hier der 1. Juni gesetzt ist, obwohl dennoch im Skriptum der Mai beibehalten wird, wie die Regierungsjahre statt auf den Kaiser auf den Papst be=zogen sind, obgleich Nikolaus nur von April 858 bis zum 13. Mai 867

---

[1] Lappenberg No. 16, Jaffé 2086.

[2] Namentlich in Schmidts Zeitschrift 5, S. 541, auch schon Urkbb. I, S. 28 Anm. 13.

[3] Ostfränkisches Reich I, S. 524 Anm. 28.

[4] Dabei mag daran erinnert werden, daß sich Aehnliches bei der falschen Urk. Karls für Bremen findet, Waitz in G. G. A. 1860, S. 132 u. 33.

[5] Jaffé 2048, Mansi 15, S. 286.

ben päpſtlichen Stuhl inne gehabt, ſo iſt auch ſtatt des Zacharias
ein Leo eingefügt, nur daß hiermit der Fälſcher etwas Mögliches
bei ſeinen willkürlichen Veränderungen getroffen hat.

Von einer bloßen Interpolation der Urkunde kann nicht die
Rede ſein, ſondern wir haben es mit einer Zuſammenſetzung aus
verſchiedenen Bruchſtücken zu thun. Der erſte große Theil iſt der
Urkunde Nikolaus entlehnt, nur das alterthümliche inter duos
episcopatus ꝛc. iſt ausgelaſſen. Die Beſtätigung der Urkunde
Gregor's wird überſchlagen, der Fälſcher beginnt ſogleich mit der
Entziehung Turholt's, ändert aber den Satz ſeiner Vorlage, daß
in Folge deſſen auch Hamburg ſelbſt faſt ganz verlaſſen ſei, dahin
um, daß Hamburg durch die Barbaren zerſtört ſei. Daran reiht
ſich dann die aus Rimbert genommene ausführliche Erzählung von
der Zerſtörung Hamburgs und von Anskar's Flucht und Bedrängniß.
Dieſe — das iſt das Neue — bewegt eine Frau Ikia, Anskar
eine Beſitzung aus ihrem Erbgut zu geben in silva Ramesloa
nominata, in pago Berdangoa, in episcopatu Waldgarii, Ferdensis aecclesiae episcopi, wo Anskar eine Zelle baut, die Re=
liquien ſeiner Kirche und die geretteten Mönche ſammelt. Und
nun folgt wieder nach Rimbert die Erzählung, wie Ludwig dem
Anskar einen Unterhalt zu verſchaffen geſucht habe, den aber der
König nicht in der Beleihung mit Bremen, ſondern in der Er=
bauung eines Kloſters in Rameslohe findet. Ludwig bittet Waldgar
um ſeine Genehmigung wie Anskar den Günther, Waldgar wider=
ſetzt ſich wie dieſer, bis er endlich in gleicher Weiſe in Worms, wo
neben Ludwig und Lothar auch noch die bei der Weihe Anskar's thätig
geweſenen Erzbiſchöfe von Rheims, Trier und Mainz erſcheinen, ſeine
Genehmigung von der des Papſtes abhängig macht. Dieſe ertheilt
Nikolaus ebenſo wie die der Vereinigung Bremens mit Hamburg.

Eine bloße Interpolation, wiederholen wir, kann unmöglich
angenommen werden. Was in der angeblichen Urkunde ſteht,
bezieht ſich entweder auf die Gründung des Erzbisthums und den
Untergang der Legation in Folge der Entziehung Turholt's — dies
iſt einer echten Urkunde entnommen und zwar nicht mit Erweite=
rungen, ſondern mit Verkürzungen derſelben —, oder auf die
Erwerbung Rameslohes — in Bezug auf dieſe war aber ebenfalls
keine Interpolation nöthig, wenn man eine echte Urkunde über

diesen Gegenstand von Nikolaus besaß. — Die Urkunde ist durchaus Fälschung auf Grund der Vita Anskarii und der echten Urkunde Nikolaus, gemacht, um das Eigenthumsrecht der Hamburgischen Kirche auf das Ramesloher Kloster den Ansprüchen der Verdener Bischöfe gegenüber zu erweisen.

Aehnliches gilt von der Urkunde Ludwig's des Deutschen[1]). Auch sie ist im Original, zu Stade, erhalten, datirt aus Frankfurt vom 8. Juni 842, Indiktionsjahr 5, Regierungsjahr 6, und ist unterschrieben vom Kanzler Arnolf ad vicem des Erzkaplans Liutbert. Ihre Unechtheit ist längst erkannt[2]) und jetzt unbezweifelt, Sickel hat sie gar nicht mehr in Betracht gezogen.

Eine Urkunde Ludwig's des Deutschen scheint die Hamburger Kirche nicht besessen zu haben, und sie war daher für diese Fälschung auf ein anderes Muster angewiesen. Wo nach demselben zu suchen sei, hat schon Dümmler[3]) angedeutet: Kanzler und Erzkaplan weisen hin auf Ludwig den Jüngern. Das Regierungsjahr 6, auf Ludwig d. D. bezogen, paßt nicht zu dem Jahre 842, und es ist also anzunehmen, daß dasselbe aus der Vorlage in die Fälschung hinübergenommen sei, daß also jene aus dem 6. Jahre Ludwig's d. J. gewesen. Dieses begann am 28. August 881, schon am 20. Januar 882 ist Ludwig gestorben[4]). Da der Tag unserer Urkunde, der 8. Juni, nicht mehr von dem König erlebt ward, so ist eine Veränderung aus Willkür oder aus Irrthum anzunehmen. Das letztere scheint wahrscheinlicher, da aus dem 6. Idus Jan. leicht der 6. Idus Juni werden konnte, und da am 8. Januar 882 Ludwig sich wirklich in Frankfurt aufhielt, wo er am 17. und 18. dieses Monats zwei andere Urkunden ausfertigen läßt[5]). Aus der von uns angenommenen Urkunde vom 8. Januar 882 wäre dann das Inkarnationsjahr in 842 geändert — wobei man freilich übersah, daß dasselbe um diese Zeit noch nicht angegeben wurde —,

---

[1]) Lappenberg, No. 10.

[2]) Heumann, de re diplomatica imperatorum 2, S. 231. — Gfrörer freilich (I, S. 144 u. 45 Anm. 1) hält sie für echt und setzt sie ins Jahr 846.

[3]) Ostfränk. Reich I, S. 269, Anm. 74.

[4]) Ebenda 2, S. 163.

[5]) Böhmer, No. 895 u. 96, zu vergl. mit Dümmler 2, S. 163, Anm. 37.

das Inbiktionsjahr demgemäß berechnet, das Regierungsjahr aus Unwissenheit beibehalten. Daß wirklich eine solche Urkunde vorgelegen habe, ergiebt sich weiter aus der Vergleichung der Formeln, von denen (nach Sickel's Bezeichnung) 1, 2, 4, 10, 11 und 12 vollständig übereinstimmen. — Unmittelbar an Formel 4 schließt sich der Eingang der Bulle Gregor's, auf dessen unverständige Benutzung abseiten des Fälschers schon hingewiesen ist. In einem zweiten Satz folgt die Einsetzung Anskar's in das Hamburger Erzstift, aus der Bulle Nikolaus. Ein dritter enthält die Verleihung der Zelle Turholt und eine Selbstanklage des Königs, Beides mit einer Stelle in der gleich zu betrachtenden Urkunde Ludwig's des Frommen übereinstimmend. Dann kommt die Zerstörung Hamburgs, aber ohne die ausgemalte Schilderung von der Flucht Anskar's, und die Erzählung von dem Geschenke der Ifia und der Abtretung Rameslohes abseiten Walbgar's in Worms, fast wörtlich gleichlautend mit der betreffenden Stelle in der falschen päpstlichen Bulle.

5. Die Urkunde für Turholt.

Die Urkunde Ludwig's des Frommen[1] ist nicht im Original erhalten, dagegen in verschiedenen Abschriften, von denen diejenige bei Cäsar[2], wie von Asmussen[3] ausführlich dargethan ist, die ursprünglichste ist.

Sie datirt vom 15. Mai aus Aachen, Regierungsjahr 21, Inbiktionsjahr 12, und ist ausgestellt vom Notar Hirminmarus ad vicem des Theobo. Schon Lappenberg hat auf eine Urkunde für Corvei aufmerksam gemacht[4], die an demselben Tage ausgestellt ist, und deren Vergleich mit unserer Urkunde das Vorliegen eines echten Musters für dieselbe ergiebt. Formel 1 (I) ist ganz richtig, Formel 2 (II) steht propitiante für repropitiante[5], was wohl auf einem Irrthum beim Abschreiben beruht. Das favente et,

---

[1] Lappenberg, No. 8, Böhmer No. 443.
[2] S. 173 ff.; s. die Beilage 1. abgedruckte Urkunde.
[3] S. 126—149.
[4] Urkdb. S. 14 Anm. 13; Böhmer No. 442, jetzt bei Erhard, Codex No. 10.
[5] Stumpf, Reichskanzler 1, S. 83 u. Anm. 98.

was Lappenberg in den Text aufgenommen, ist entschieden falsch und fehlt auch bei Cäsar. Formel 10 und 11 (XXX und XXXI) fehlen bei diesem gleichfalls, aus eigenem oder des Abschreibers Versehen. In Formel 10 steht püssimi für serenissimi[1]), Formel 11 und 12 (XXXI—XXXIII) sind richtig.

Insbesondere Rettberg[2]) hat aus dem Vergleich der Urkunde mit Rimbert nachgewiesen, daß wir es auch hier entschieden mit einer Fälschung zu thun haben, die auf dem Berichte Rimbert's beruht. Nur geht er darin zu weit, daß er wie schon bei Rimbert, so auch in dieser Urkunde das Bestreben erkennen will, die Ansprüche der Hamburger Kirche auf ein Patriarchat für den ganzen Norden vorzubereiten. Was beabsichtigt wird, ist ein Einfacheres: es wird Ton darauf gelegt, daß der Hamburger Diöcese von Anfang an eine unabhängige, erzbischöfliche Stellung zugedacht gewesen, daß Ludwig gefehlt, Unrecht gethan habe, sie derselben zu berauben, und daß durch seine Errichtung des Erzbisthums jener nur das ihr von Rechtswegen Zukommende gegeben sei. Das und nichts Anderes liegt darin, wenn — was Rettberg hervorhebt — der Fälscher den einfachen Bericht Rimbert's, Karl habe die erste Kirche durch Amalhar von Trier weihen lassen, in der Weise auslegt, daß die Weihe durch einen so entfernten Bischof erfolgt sei, um nicht einem der Nachbarbischöfe Gelegenheit zu Ansprüchen zu geben, und wenn derselbe dem Kaiser jene Selbstanklagen in den Mund legt. — Eine tendenziöse Entstellung der Rimbert'schen Erzählung aber ist die Urkunde entschieden, und überall begegnen uns unverkennbare Zeichen der Fälschung. Freilich können wir Rettberg nicht zugeben, daß der Ausdruck ecclesiae catholicae atque apostolicae, quam Christus — nobis tuendam regendamque commisit (III) der Zeit Ludwig's nicht mehr entsprechend sei, denn der Idee nach stand Ludwig's Kaiserthum noch eben so hoch als dasjenige Karl's des Großen, aber doch erregt die Formel (3) Bedenken und ist, mindestens in der Verbindung mit Immunitätsverleihung, wohl nicht als ursprünglich zu betrachten. Die ausführliche Erzählung der Vorgeschichte des Ham-

---

[1]) Stumpf, ebenda S. 105.
[2]) A. a. O. 2, S. 402 ff.

burgischen Erzstiftes hat Rettberg mit Recht betont, schon Heumann[1]) hat die wunderliche Schreibweise und den plötzlich mitten in der Urkunde (XVI) eintretenden Gebrauch des Singular hervorgehoben, und noch manches Andere ist geltend zu machen. Der Ausdruck Deo laudes immensas persolvere (VI) ist urkundlich unmöglich, in karolingischer Zeit unerhört ist der consensus ecclesiasticus (XVII) und der summae sanctae palatinae dignitatis praesul (XVIII). Dazu kommen Ausdrücke wie omnes illae barbarac nationes (VIII) locus ille (XI), ohne daß der Name Hamburg vorher genannt wäre, Wandali (X), das schwülstige captivis optatam ad patriam confluentibus (XIV) und dgl. mehr.

Den Stoff zu der Fälschung, die Gründung des Erzbisthums und die Begabung mit Turholt, haben die Vita Anskarii und die Urkunde Gregor's geliefert. Doch ist die Benutzung eine freiere, als die bei den vorher genannten Fälschungen. Der Verfertiger hält sich nicht streng an die Vorlagen, beide werden wohl für einen und denselben Passus benutzt. (IX, X, XIV.)

An zwei Orten berichtet er uns Dinge, die uns sonst nicht überliefert sind. Das Eine ist die Angabe, daß Karl Heribag mit der Zelle Robnach beschenkt, Ludwig aber dieselbe, von Einigen dazu bereet, dem Kloster Inda übertragen habe. Daran ist nie Anstoß genommen, da eine solche Nachricht recht wohl in der Hamburgischen Kirche erhalten sein konnte, und da sie mit dem übereinstimmt, was wir sonst über das Verhältniß Ludwig's zu dem Vorsteher jenes Klosters wissen[2]). Daß Rimbert der Schenkung und Wiederentfremdung der Zelle nicht erwähnt, erklärt sich aus der ganz zufälligen Art, in der er auf die früheren Schicksale seiner Kirche überhaupt zu reden kommt, und aus der praktischen Bedeutungslosigkeit, die zu seiner Zeit die aufgehobene Schenkung hatte. — Die zweite Erzählung dagegen ist ganz falsch: Unde postquam terra Nordalbingorum laxata captivitate, quam ob multam perfidiam in ipsis Christianitatis initiis patratam per septennium passi sunt, ne locus ille a barbaris invaderetur, Ecberto comiti restituere praeceperat, non iam vicinis episcopis

---

[1]) De re diplomatica imperatorum 1, S. 263.
[2]) Func, Ludwig d. Fromme, S. 60 u. sonst.

locum illum committere voluit. Dann folgt die Weihe der Kirche durch Amalhar. Postmodum vero captivis optatam ad patriam undique confluentibus, eandem parochiam — Heridac — commendavit. Die Maßregel der Ausführung der Sachsen aus Nordalbingien soll also nach sieben Jahren von Karl rückgängig gemacht sein. Die sieben Jahre weisen hin auf 810 oder 811. Im letzteren Jahre wurde Itzehoe von Graf Ekbert erbaut, und ward das von den Slawen zerstörte Hohbuoki wieder hergestellt[1]). Da nun später bekanntlich Hohbuoki mit Hamburg gleichgesetzt wurde[2]), so liegt die Vermuthung nahe, daß schon der Fälscher unserer Urkunde dieses Irrthums gewesen und deshalb aus der Herstellung Hohbuokis und dem Aufenthalt Ekbert's in diesen Gegenden seine Angabe zurecht gemacht habe. Die Fortführung des sächsischen Volks aus Nordalbingien mochte er ganz allgemein nehmen, und da nun doch der Presbyter Heridag vom Kaiser zum Bischof der universa Nordalbingorum ecclesia bestimmt war, so mochte ihm dieser Widerspruch am besten durch die Annahme lösbar erscheinen, daß auf die Fortführung eine Rückkehr gefolgt sei, mit der er dann jene andere Angabe in Verbindung zu setzen suchte.

Werfen wir die Frage auf, zu welchem Zwecke diese Urkunde gefälscht sei, so betonen wir noch einmal, daß es sich in ihr nicht um die Verfolgung von Planen in Bezug auf ein nordisches Patriarchat handelt, daß sie nur Thatsachen berichtet, die auch Rimbert meldet, wenn auch mit schärferer Hervorhebung und willkürlicher Deutung dessen, was die Hamburgische Diöcese als eine von Anfang an keinem fremden Bischof unterworfene hinstellt. Insbesondere konstatiren wir, daß die falschen Völkernamen fehlen und daß von der Legation wohl gesprochen wird, aber so rechtlich unbestimmt als möglich. Der Kaiser überträgt dieselbe an Anskar tam nostra quam sanctae Romanae ecclesiae sedis auctoritate, und bei Begründung dieser Uebertragung werden die convocatio gentilium und die redemptio captivorum einander gleichgestellt, die Ausdehnung des Legationsgebiets wird mit keinem Worte an-

---

[1]) Ann. Einh. M. G. I, S. 199.

[2]) Die frühsten Stellen findet man bei Ledebur, Kritische Beleuchtung einiger Punkte in den Feldzügen Karl's d. Gr. gegen die Sachsen u. Slaven.

gebeutet, die Möglichkeit zur Ernennung von Bischöfen und ihrer Unterordnung unter den Hamburgischen Erzbischof wird gar nicht berührt, und daß endlich auch die Nachfolger Anskar's das Recht der Legation haben sollen, wird zwar erwähnt, aber nur ganz beiläufig, indem Ludwig das Kloster Turholt schenkt tam huic novae constructioni — quam suae (soll sich auf Anskar beziehen) successorumque suorum in gentibus legationi. In Bezug auf die Stellung des Hamburgischen Erzbischofs ist also kein irgendwie zweifelhaftes Recht, das hier hervorgehoben wäre, dem die Urkunde als Beweismittel dienen könnte; das Einzige, was hervortritt, jenes Gewichtlegen auf die Ursprünglichkeit der unabhängigen Lage der Hamburgischen Diöcese giebt derselben nur ein höheres Ansehen, dient nicht dazu, ihr ein praktisches Recht sicher zu stellen oder neu hinzuzufügen. So, meinen wir, wird man denn als Grund der Fälschung das Bestreben ansehen müssen, den Ansprüchen des Erzstiftes auf das ihm entzogene Turholt zur Geltung zu bringen [1]). Turholt wird der Legation geschenkt, die sich wie auf die Bekehrung der Heiden, so auch auf den Loskauf Gefangener richtet, und diese Verbindung der beiden Legationszwecke wird gleich darauf noch einmal hervorgehoben. Man will die Gründe klar machen, um deren willen Turholt vergabt ward: durch den Ertrag sollen die Kosten der Heidenbekehrung bestritten, Gefangene eingelöst, überhaupt der Erzbischof und seine Geistlichen unterstützt werden. Daß man die ganze Gründungsgeschichte des Hamburgischen Erzstiftes in diese Urkunde aufnahm, erklärt sich aus dem Umstande, daß Turholt nach Rimbert's Bericht bei Gelegenheit der Errichtung desselben erworben war. Der Zusammenhang zwischen Stiftung und Begabung war dem Fälscher bekannt, und ist von ihm noch mehr in den Vordergrund gestellt, in auffallender Weise, müßte man sagen, wenn es sich um etwas Anderes als um Rechte auf Turholt handelte. Die frühere Schenkung des verlorenen Rodnach

---

[1]) Vgl. auch Dümmler 1, S. 264, Anm. 60, der aber neben Turholt auch das nordische Patriarchat stellt, und die Urkunde Gregor's ebenso wie diese für freie Dichtung hält. — Glaubt man, die Fälschung sei gemacht, um die Unabhängigkeit des Hamburgischen Stiftes zu wahren, was ich nicht billigen kann, so beachte man die Nachricht Adam's 2 Kap. 5 über den Streit Adaldag's gegen Brun von Köln.

findet passend in der Urkunde Erwähnung; man könnte vielleicht ein entschiednereres Hervorheben derselben, eine Bezugnahme auf sie bei der jetzigen Schenkung erwarten, aber vielleicht wollte man nicht durch die Darstellung dieser als einer Entschädigung für jene sich der Möglichkeit berauben, einst auch auf Robnach Ansprüche zu erheben.

In Bezug auf die Frage nach der Entstehungszeit dieser drei Fälschungen ist zunächst zu bemerken, daß Adam sie sämmtlich ge= kannt hat[1]). Sobann dürfen wir aus der Angabe besselben[2]): Eodemque tempore contentio Ferdensis episcopi Bernarii de Ramsolan coram papa Sergio terminata est, den Schluß ziehen, daß schon damals, vor 1012[3]), die Ramesloher Fälschungen vor= handen waren. Für die Turholter Urkunde sind wir auf das Scholion 6 zu Adam 1, Kap. 22 angewiesen: (Turholz) pro quo recuperando vetus querela est ecclesiae nostrae pontificibus. Adelbertus autem archiepiscopus ad eum finem perduxit ne= gotium, ut dato concambio quaestio removeretur, quod cesar et dux Flandriae collaudabant; doch kann aus dieser Beendigung des alten Streites unter Adalbert nur gefolgert werden, daß die Fälschung nicht später angefertigt sein könne.

Der Umstand, daß sowohl einzelne Sätze in den Urkunden Ludwig's des Frommen und Ludwig's des Deutschen, als auch namentlich am Schluß derselben die Formeln über Königsschutz und Immunität[4]) vollständig mit einander übereinstimmen, zwingt zu der weiteren Frage nach dem Verhältniß der Fälschungen zu einander. Gegen einen und denselben Ursprung spricht die ver= schiedene Art und Weise, wie in ihnen die Quellen benutzt sind. Lappenberg hat angedeutet[5]), daß die Formeln aus der Turholter Fälschung in die Ramesloher hinübergenommen sein möchten, 'und auch Waitz[6]) betrachtet jene als einem echten Diplom Ludwig's

---

[1]) 1, Kap. 23 u. 25; 1, Kap. 18.
[2]) 1, Kap. 43.
[3]) Adam spricht von der letzten Zeit des Libentius, 988—1013; Sergius IV starb 1012. Jaffé S. 351.
[4]) S. Sickel, Beiträge zur Diplomatik, 3. Beitrag, Sitzgsb. d. W. Akad. Bd. 47, S. 231 ff.
[5]) Schmidt's Zeitschrift 5, S. 542, doch setzt Lappenberg voraus, daß die Urk. Ludwig's d. Fr. echt sei.
[6]) Verf. Gesch. 4, S. 267, Anm. 3; S. 507, Anm. 3.

des Frommen entlehnt. In ihrer Ursprünglichkeit aber sind sie nicht beibehalten, sondern abgeschliffen, auch wohl dem Bedürfnisse gemäß geändert. Der Satz: Dona vero quae ex eadem cella nostris patribus dare solebant et nobis quoque successoribusque nostris similiter dari volumus fehlt in der Ramesloher Urkunde. Freilich ist diese ausdrückliche Reservirung der jährlichen Geschenke an den König nicht vollständig durch andere Urkunden beglaubigt[1], aber sie entspricht der unter Ludwig vorgenommenen Klassificirung der Klöster, welche entweder Kriegsdienst und Geschenke, oder allein Geschenke zu leisten oder nur für den König zu beten haben[2], und es ist unmöglich anzunehmen, daß diese Bestimmung in ein aus der anderen Fälschung bekommenes, sonst beibehaltenes Formular eingeschaltet sein sollte, während umgekehrt das Weglassen dieser Stelle sich sehr wohl begreift. Sodann setzt die Ramesloher Fälschung regelmäßig archiepiscopus, während die Turholter sich mit episcopus begnügt, und endlich lag es nahe, die von Rimbert erzählten Vorgänge in die Turholter Urkunde hinüberzuführen, während die Ramesloher Fälschung erst eine Uebertragung derselben Ereignisse auf andere Personen und Zeiten nothwendig machte. Demgemäß nehmen wir an, daß die Turholter Urkunde auf Grund eines echten Königsschutz und Immunität verleihenden Präcept Ludwig's des Frommen noch früher gefälscht ist als die Ramesloher und dieser zum Muster gedient hat: jedenfalls kann sie mit Abalbert's Planen Nichts zu thun haben.

Später freilich hat man gerade sie weiterer Fälschung unterworfen, zuerst um mittels ihrer Hülfe die Ansprüche des Erzbisthums auf die nordische Kirche zu vertheidigen[3], sodann als es galt bestrittenen Besitz als der Kirche seit ihrer Gründung zuständig darzustellen. Dabei erschien dann bedeutungslos, um dessen willen zuerst war gefälscht worden: das Zusammenschrumpfen der Bestimmungen über die Klosterrechte zeigt, wie die alten Interessen vor den neuen zurückgetreten sind.

---

[1] S. Waitz, Verf. Gesch. 4, S. 267, Anm. 3, und die Parallelstelle in der Beilage.

[2] M. G. Legg. I, S. 223 ff.

[3] S. §. 7 u. den Schluß.

III.

6. Das Bisthum Aldenburg.

In mehreren Urkunden begegnet uns die Bestimmung, daß die Metropolitangewalt des Hamburgischen Erzbischofs zur Geltung kommen solle auch in illis partibus Sclavorum, quae sunt a flumine Pene usque ad fluvium Egidore.

Die Urkunde Anastasius III (№ 28, 2723 [1])), die angeblich älteste dieser Bullen, ist nach Jaffé zwar unecht, hatte aber ein echtes Diplom zur Vorlage; die Urkunde Johannes X (№ 29, 357 sp.) ist durchaus falsch; die übrigen sind nach Jaffé echt: Urkunde Johannes XV (№ 52, 2936), Urkunde Klemens II (№ 72, 3151), Urkunde Leo's IX (№ 75, 3258) und Urkunde Viktor's II (№ 77, 3295).

Die erste demnach zuverlässige Urkunde, von Johannes XV (989, November 8), beruft sich auf Bullen von Nikolaus und Agapet; die von Klemens II (1047, April 24) nennt Nikolaus, Agapet und Benedikt; ebenso die von Leo IX (1053, Januar 6); die von Viktor II endlich macht außerdem noch die von Leo als Vorgängerin namhaft. — Eine Urkunde Benedikt's, wie wir sie nach der dreimaligen Erwähnung in späteren Diplomen annehmen müssen, besitzen wir nicht mehr. Freilich ist uns ein Schriftstück erhalten, das den Namen Benedikt's IX trägt, und Lappenberg hat auf dasselbe jene Anführung bezogen [2]), aber einmal enthält es nicht den oben genannten Passus, sodann gehört es in das Gebiet der Fälschungen. Beides gilt auch von einem anderen Dokument, das angeblich von Benedikt VIII ausgestellt ist. Von welchem Benedikt unsere verlorene Urkunde herrührte, ist nicht mehr zu ermitteln. Wollte man aus dem Umstande, daß Johann XV ihrer nicht erwähnt, den Schluß ziehen, daß sie damals noch nicht

---

[1]) Die erste Zahl weist immer auf Lappenberg's Urkbb., die zweite auf Jaffé's Regesten hin.

[2]) Hamb. Urkbb. S. 74, Anm. 4.

vorhanden gewesen sei, so würde man nur zwischen Benedikt VIII und Benedikt IX zu schwanken haben, aber — wie aus der obigen Zusammenstellung ersichtlich — es wird auch die Urkunde Johannes in den drei späteren Bullen nicht namhaft gemacht und ebenso die von Klemens in den Urkunden Leo's und Viktor's mit Still= schweigen übergangen. Können wir folglich jenen Schluß nicht für zulässig erklären, so bleiben sämmtliche Päpste dieses Namens zwischen Agapet II und Klemens II, von Benedikt V bis Benedikt IX, als Aussteller der Urkunde möglich.

In allen vier Bullen wird eine Urkunde Agapet's II an= gezogen. Von diesem Papste besitzen wir ein in seiner Echtheit wohl nicht zu bezweifelndes[1]) Privilegium vom 2. Januar 948 (№ 35, 2792), das auch, wie nach der Verbindung in den genannten Urkunden zu vermuthen war, sich auf das grundlegende Aktenstück der Hamburg=Bremer Kirche, auf die Urkunde Nikolaus beruft, das aber der Metropolitangewalt des Hamburgischen Erzstiftes unterwirft die episcopi Danorum, Norvenorum, Suonum (lies: Sueonum) necnon omnium septentrionalium parcium, ohne jener slawischen Gebiete zu gedenken. Die Urkunden von Johannes und Klemens dagegen wissen wieder Nichts von den Norwegern, sondern reden nur von den Bischöfen in omnibus gentibus Sueonum sive Danorum und den slawischen Landen, und die Urkunden von Leo und Viktor fügen zu diesen hinzu die der Norwechorum, Islant, Scridevinnum, Gronlant et universarum septentrionalium nationum. — Sonst ist aber eine theilweis wörtliche Uebereinstimmung zwischen der Urkunde Agapet's und den späteren Diplomen, die nicht auf eine gemeinsame, von einander unabhängige Benutzung der Urkunde Nikolaus zurückgeführt werden kann, und man hat folglich anzu= nehmen, daß entweder ein späterer Bestätiger der Urkunde Agapet's, also dann wahrscheinlich Benedikt, in der erwähnten verlorenen Urkunde die betreffenden Veränderungen vorgenommen habe, oder daß diese bereits in einer anderen, uns ebenfalls nicht erhaltenen Urkunde Agapet's enthalten gewesen seien.

---

[1]) Ich wüßte nur zu bemerken, daß in demselben, wie in den falschen päpstlichen Urkunden, die Dänen den Schweden vorangehen, nicht umgekehrt, wie in den übrigen echten; s. unten.

Der besseren Uebersicht wegen haben wir die beiden von Jaffé verworfenen Urkunden bisher ganz außer Acht gelassen. Sie stimmen vollständig mit den von Leo und Viktor gegebenen überein, doch ist nicht daran zu denken, daß etwa Adalbert auf Grund jener Fälschungen diese echten Urkunden erlangt habe, sondern umgekehrt: jene haben diese zu ihrem Muster gehabt. — Die Urkunde Johann's X[1]), Original zu Stade, ist unterschrieben: Data 4 kalendas Novembris, per manus Leonis, sanctae Romanae sedis cancellarii. Anno domini Johannis papae primo, indictione 9; die Urkunde Viktor's II, nur im Hannoverschen Copiarius erhalten, hat die Unterschrift: Data 4 kalendas Novembris, per manus Friderici, sanctae Romanae ecclesiae cancellarii, anno domini Victoris II papae primo, indictione 8. Selbstverständlich kann, da die Urkunde Viktor's echt ist, diese nicht auf Grund einer mit ihr im Datum genau übereinstimmenden Urkunde erschlichen sein[2]). Ferner ist in der Urkunde Viktor's durch Versehen des Abschreibers das achte, statt des neunten Indiktionsjahrs; die falsche Urkunde dagegen hat richtig das neunte, und wir können somit nach ihr die fehlerhafte Abschrift der echten emendiren. Kaum noch zu bemerken brauchen wir, daß natürlich dieses neunte Indiktionsjahr nicht mit dem ersten Sedenzjahr Johann's X übereinstimmt, daß ebensowenig ein Kanzleibeamter Leo unter diesem Papste vorkommt, und daß endlich damals die Kanzlerwürde überhaupt nie in päpstlichen Urkunden erwähnt wird[3]). — Die Urkunde Anastasius III, Original gleichfalls zu Stade, Data p. m. Adriani, scrinarii S. R. E., in m. Januario, ind. 8, ist natürlich zu derselben Zeit gefälscht, wie die mit ihr übereinstimmende Johann's. Jaffé meint zwar — wie erwähnt — aus dem Umstande, daß ein Skriniar Adrian unter dem Nachfolger des Anastasius, Johann X, beglaubigt ist[4]), auf die Benutzung eines echten Diploms schließen zu müssen. Indessen wäre dann eben nur Name und Titel desselben in die

---

[1]) Vgl. Asmussen, S. 159 ff.

[2]) Schon Asmussen, S. 161, u. Lappenberg, Hamb. Urbb. S. 797, haben auf diesen Umstand aufmerksam gemacht.

[3]) S. unten.

[4]) Jaffé No. 2727, Bouquet 9, S. 215: Scriptum per manus Adriani, scrinarii S. R. E., in m. Novembri, ind. 8. Bene valete.

4

Fälschung übergegangen. Selbst das Indiktionsjahr ist falsch, und ebenso scheint die Besorgung des Datum durch einen einfachen Skriniar unter. Anastasius unmöglich. Unter Johann X wäre ein achtes Indiktionsjahr richtig, würde sich namentlich auch dadurch empfehlen, daß in demselben Adrian eine andere Urkunde ausgefertigt hat, aber wie ist es denkbar, daß der dann anzunehmenden echten Urkunde Johann's die Unterschrift für die falsche Urkunde Anastasius entnommen wäre, während man nun für die falsche Urkunde Johann's die Unterschrift der Urkunde Viktor's zu benutzen gezwungen war?

Auf die echte Urkunde Johann's XV, die zuerst die Bestimmungen über die slawischen Gegenden enthält, folgen alsbald (dazwischen liegen nur drei Fälschungen: Johann's XV, Benedikt's VIII und Benedikt's IX) die sie bestätigenden Urkunden von Klemens, Leo und Viktor. Die dann zunächst liegende, uns erhaltene Urkunde Innocenz II (die von Alexander II ist falsch, die von Kalixtus II verloren) erwähnt der slawischen Lande nicht. Dann aber kehrt ein ähnlicher Passus wieder in der Urkunde Hadrian's IV (217, 710) vom 21. Februar 1159: Immunitates preterea et terminos, videlicet ab Albia flumine deorsum usque ad mare Occeanum, et sursum per Sclavorum provinciam usque ad fluvium Pene, et per eius deorsum usque ad mare orientale. — Paludes quoque cultas et incultas iuxta Albiam positas, sicut — Lodowicus — Hamaburgensi ecclesiae — dedit, — confirmamus. Aehnlich heißt es in der Urkunde Kaiser Friedrich's I (208) vom 16. März 1158: Terminos — quos — Luodewicus posuit, et eos, quos Otto imperator — ex consilio principum — designavit, — immutatos conservamus et — confirmamus; — videlicet — ab Albia flumine deorsum usque ad mare occeanum, et sursum per Sclavorum provinciam usque ad fluvium Pene, et per eius decursum usque ad mare orientale et per omnes predictas septentrionis naciones. — Omnes quoque paludes infra sive iuxta Albiam positas, cultas et incultas, infra terminos eiusdem parrochiae, sicut ab — Luodewico positae sunt, et nos ponimus, ut Transalbiani se et sua ab incursu paganorum securius in his locis occultari queant. — Der Erzbischof Hartwig erlangt also diese Urkunden von Kaiser und Papst auf Grund vorgezeigter Urkunden Kaiser Ludwig's und eines Kaisers Otto, in denen die Sprengelgrenzen der Hamburgischen Diöcese festgesetzt waren. In Bezug auf die Urkunde Ludwig's des Frommen sind wir vollständig unterrichtet: diese Fälschung war seitdem schon einmal interpolirt, neue Einschwärzungen gaben ihr die Gestalt, in der sie Friedrich und Hadrian vorgelegt wurde[1]): Et quia casus praeteritorum cautos nos facit in futurum[2]) — certo limite circumscriptum esse volumus, videlicet ab Albia flumine deorsum usque ad mare Occeanum et sursum per omnem Slavorum provinciam usque ad mare quod Orientale vocant, et per omnes predictas nationes septentrionis. Omnes quoque paludes infra sive iuxta Albiam positas, cultas et incultas, infra terminos eiusdem parrochiae ponimus, ut Transalbiani se et sua ab incursu paganorum, qui sepe timendus est, securius in his locis occultare queant. — Eine Urkunde eines Kaisers Otto, welche Grenzbestimmungen der Hamburger Kirche enthielte, besitzen wir freilich nicht, aber aus dem Vergleich zwischen den Interpolationen in der Urkunde Ludwig's und jenen Bestätigungsurkunden läßt sich ihr Inhalt vermuthungsweise konstruiren. Die Urkunde Ludwig's nennt als Grenzen: Elbe, Nordsee und Ostsee; die beiden Bestätigungen: Elbe, Nordsee, Peene und Ostsee; die Grenzbestimmung Peene möchte also einer Urkunde Otto's entnommen sein[3]). Da nun die Peene dadurch Grenze

---

[1]) Lappenberg S. 13 s. nach dem Coder Lindenbruch's, und dieser nach der Abschrift Renner's, die auch Staphorst benutzt hat, Hamb. Kirchengesch. I, 1. S. 34. — Daß dieser Passus nicht durch die spätern Bestätigungen beglaubigt werden kann, braucht nicht erst gesagt zu werden. Mit Unrecht hat Dahlmann, Gesch. v. Dänemark 1, S. 41, u. Dümmler, ihm folgend (I, S. 263, Anm. 59), denselben gelten lassen; verworfen hat ihn schon Asmussen S. 143 ff.

[2]) Diese Begründung stammt aus der Urk. Nikolaus v. 864 u. ist auch in die falschen Urkunden Karl's für Bremen und für Werden übergegangen. Ueber den Sinn derselben spricht Dümmler 1, S. 525, Anm. 29. Später begegnet sie uns formelartig in der erzbischöflichen Kanzlei; vgl. Hoyer Urkb., Abth. 3, No. 14 u. 15.

[3]) Aehnlich, wenn auch in anderem Zusammenhang, äußert sich Asmussen S. 147.

4 *

des Hamburgischen Erzstiftes ward, daß das Bisthum Albenburg gestiftet und ihm untergeben wurde, so haben wir in der verlorenen Urkunde Otto's mit großer Wahrscheinlichkeit die Stiftungsurkunde für das Bisthum Albenburg anzuerkennen, die von Kaiser Otto ausgestellt sein muß.

Durch die Annahme einer solchen Urkunde Otto's I für das Bisthum Albenburg mit der Grenzbestimmung Peene gewinnt aber unsere frühere Vermuthung, daß eine Urkunde Agapet's II mit der Grenzbestimmung Peene und Eider vorhanden gewesen sei, weitere Beglaubigung, indem die bis dahin gleichfalls mögliche Annahme, daß diese Bestimmungen erst durch einen Benedikt hinzugefügt seien, sich als wenig wahrscheinlich erweist. Denn da der Inhalt des zu suchenden päpstlichen Diploms sich auf das Bisthnm Albenburg, von Otto I gegründet, bezieht, so muß dasselbe einem zur Zeit dieses Kaisers lebenden Papste zugeschrieben werden; Benedikt VI ist aber erst kurz vor Otto's Tode zur Regierung gekommen, und Benedikt V von Otto abgesetzt worden.

Für die Bestätigung des Bisthums Albenburg haben wir bis dahin allgemein die Lebenszeit Agapet's II, die Jahre 946—55, anzunehmen. Eine weitere Bestimmung wird dadurch gewonnen werden können, daß Agapet am 2. Januar 948 dem Erzbischof Adalbag das Metropolitanrecht über die Bischöfe der Dänen, Norweger, Schweden und des ganzen Nordens zuerkennt, ohne dabei der slawischen Lande zu gedenken, und noch etwas engere Grenzen ergeben sich wohl aus dem Umstande, daß auf der Synode von Ingelheim, am 7. Juni 948, Adalbag mit nur drei Suffraganen, den Bischöfen von Ripen, Arhusen und Schleswig erscheint.

Durch die Gründung des Albenburger Bisthums, beziehlich durch die Unterordnung desselben unter den Hamburgischen Erzstuhl, erstreckte sich dessen Metropolitansprengel im Osten bis an die Peene und Elbe, die Grenzscheiden zwischen Albenburg und dem 946 gegründeten Havelberger Bisthum[1]). Das durch diese Flüsse

---

[1]) Urk. Ottos vom 9. Mai 946, Stumpf No. 133: Terminum vero eidem parochie constituimus ab ortu fluvii, qui dicitur Pene, ad orientem, ubi idem fluvius intrat mare; ab ortu vero fluminis, quod dicitur Eldia, ad occidentem, ubi idem flumen influit in Albiam.

eingeschloffene slawische Gebiet hat aber früher zum Bisthum Verden gehört, wie wir aus der unechten Stiftungsurkunde desselben wissen, und wir gehen daher einen Augenblick auf das ein, was uns von dem Verhältniß Verdens zu Hamburg in Bezug auf diese Lande bekannt ist.

Die Urkunde Karl's des Großen für Verden[1] ist als Urkunde unzweifelhaft ebenso falsch, wie diejenige Karl's für Bremen, aber Beide enthalten in Hinsicht der Grenzen ein durchaus echtes Material, und es handelt sich daher nur um die Bestimmung der Zeit, in welcher diese Grenzen gesetzt wurden. Beide Urkunden stimmen vollständig mit einander in dem überein, was zwischen ihnen Grenze sein soll, die Verdener Urkunde geht dann aber noch über die Elbe hinüber und weist ihrem Bisthum auch das Slawenland zwischen Elbe, Bille, Trave, Ostsee, Peene und Elde zu[2].

Diese Gebiete wurden größtentheils von bobrizischen Stämmen bewohnt, die schon seit 780 im Verhältniß der Bundesgenossenschaft zu den Franken standen[3]; einen Theil aber hatten auch Weleten inne, von der Warnow an bis an die Ostsee und Peene[4]. Erst um 789 kam Karl siegreich durch der Weleten Gebiete, deren Name damals zuerst von den fränkischen Annalisten genannt wird[5], und frühestens damals könnte also das Gebiet bis an die Peene unter das Bisthum Verden gestellt sein. Die falsche Verdener Urkunde dagegen will aus dem Jahre 786 datiren, und Pacificus, den man mit Patto identificirt und für den ersten Verdener Bischof hält, ist 788 gestorben[6], so daß demgemäß die Grenzbestimmungen unmöglich auf eine bei Errichtung des Bisthums getroffene Anordnung zurückgehen können.

---

[1] Lappenberg, No. 1; Böhmer No. 122.

[2] Wedekind, Noten 1, S. 64—68; vgl. die Karte bei Lappenberg.

[3] Ann. Lauriss. u. Einh. M. G. I, S. 160 u. 161. Schafarik, Slaw. Alterthümer 2, S. 517.

[4] Schafarik 2, S. 578—79.

[5] M. G. I, S. 12, 17, 34, 44, 63, 119, 174, 175 u. s. w.

[6] Ann. necrol. Fuld. min.; Böhmer, Fontes 3, S. 153. Vgl. Eckhardt, Commentarii de reb. Franc. orient. I, S. 699; Wedekind, Noten 1, S. 98; Rettberg 2, S. 462 u. 63.

Bei Aufhebung der Hamburgischen Diöcese erhielt Verden, wie oben erwähnt, einen Theil derselben durch Ludwig den Frommen zugewiesen, gab denselben freilich bei Errichtung des Erzbisthums an Anskar zurück, empfing ihn aber wieder, als Ludwig der Deutsche auch dieses aufhob und Anskar zum Bischof von Bremen einsetzte. Aber der Annahme, daß bei einer dieser Anordnungen die Verdener Grenze in der angegebenen Weise festgesetzt sei, steht der Umstand entgegen, daß die Stadt Hamburg nicht durch dieselbe mitumfaßt wird.

Für eine spätere Anordnung Karl's des Großen ließe sich geltend machen, daß das Bisthum Halberstadt um 803 eine Festsetzung seiner Grenzen erhielt[1]), und daß 804[2]) in Bremen nach langer, wohl durch die fortwährend wieder aufgenommenen Kämpfe veranlaßter Sedisvakanz ein neuer Bischof eingesetzt ward, wobei auch Bremen und Verden ihre Abgrenzung erhalten haben könnten. Mehr noch scheint diese Annahme durch den Umstand empfohlen zu werden, daß die Verdener und die Bremer Urkunde, wenn auch falsch, doch eine enge Verwandtschaft mit der nur als Bruchstück vorhandenen Halberstädter zeigen, was gleichfalls für eine ungefähr gleichzeitige Abfassung derselben geltend gemacht werden könnte. Dennoch läßt sich auch diese Erklärung nicht aufrecht halten. Von dem bei Aufhebung des Hamburgischen Sprengels an Verden gekommenen Theil hat zwar dieses später Abtretungen gemacht (jedenfalls Hamburg), muß aber doch die Hauptmasse behalten und selbst für das Abgetretene Entschädigung bekommen haben. Nirgend aber bleibt bei dieser Erklärung Raum für das Zurückbehaltene, nirgend insbesondere Raum für die Entschädigung, denn nach Hodenberg's Nachweisungen[3]) umschreiben die Bremen-Verdener Grenzen die Bremer Diöcese (diesseit der Elbe) genau in der Weise, in der sich dieselbe bis in die spätsten Zeiten erhalten hat, und eine Abtretung aus derselben nach Aufstellung dieser Grenzen ist daher unmöglich.

---

1) Simson, der Poeta Saxo u. s. w., Forschungen 1, S. 308—16.
2) Adam 1, Kap. 15 bemerkt, daß nach dem liber traditionum: a 37 Karoli usque ad 25 annum Ludvici praesedisse Willericum, also von 804—38.
3) Die Diöcese Bremen.

Eine vierte und — soweit abzusehen — letzte mögliche, d. h. auf irgend einer historischen Angabe beruhende Erklärung ist von Wedekind gegeben [1]): die Grenzbestimmungen gehen zurück auf die Anordnungen, welche durch jene zweite Synode getroffen worden sind. Ein Theil der Hamburgischen Diöcese ist durch Beschluß der ersten Synode an Verden gekommen, davon soll es Einiges (Hamburg wird ausdrücklich genannt) — gegen Entschädigung aus der Bremer Diöcese — an Anskar zurückgeben. Was Verden behalten hat, wird ausgedrückt durch die Grenzen Elbe, Bille, Trave, Ostsee, Peene und Elbe; seine Abtretungen bestehen — wenigstens — aus Hamburg und dem von hier aus an die Bille gehenden Strich; seine Entschädigung aus der Bremer Diöcese endlich ist schon durch die Grenzen dießseit der Elbe umschrieben und in keiner andern Weise als durch Vermuthung nachweisbar [2]). — Diese Annahme, die auch dadurch gestützt wird, daß eine freilich späte, aber entschieden auf alte Ueberlieferung zurückgehende Nachricht uns mittheilt, Bischof Waldgar von Verden habe eine Begrenzung seiner Kirche erhalten [3]), setzt allerdings voraus, daß die Hamburgische Diöcese schon unter Karl diese slawischen Gebiete umfaßt habe, während Rimbert nur von den transelbischen Theilen des Sachsenlandes redet, aber da jenes Slawenland zur Zeit der Abfassung seines Werkes bereits an Verden gekommen, da ferner an die Entfaltung kirchlicher Thätigkeit in demselben damals gar nicht zu denken war, so ist Rimbert's Uebergehung dieser Ausdehnung des Hamburgischen Kirchensprengels nicht sonderlich auffallend und steht seinem Stillschweigen über die ehemalige Zugehörigkeit Rodnachs zu seiner Kirche gleichartig zur Seite.

Die Diöcese der unter Karl begründeten, seiner Absicht nach zum Bisthum zu erhebenden, kirchlichen Einrichtung bestand demnach

---

1) Noten 1, S. 64; ebenso Asmussen S. 161 ff.
2) Zu anderen Resultaten kam namentlich der Archivar Delius in Wernigerode, Ueber die Gränzen und Eintheilung des Erzbisthums Bremen, ein Beitrag zur kirchlichen Geographie Deutschlands, 1808.
3) Necrol. Verdense um 1525, bei Pratje, Altes u. Neues 9, S. 296, Sept. 7: Obtinuit distingui terminos ecclesie ab aliis dyocesibus. Den Bischof setzt Wedekind, Noten 1, S. 101 zwischen 839—45 und 864—67; ihm folgt auch Asmussen S. 162 u. 234.

aus Nordalbingien und dem Slawenland bis an Peene und Elde, einem der fränkischen Herrschaft durchaus entweder zugehörigen oder doch botmäßigen Gebiet. Karl hatte die Grenzen gesteckt, innerhalb deren die kirchliche Thätigkeit von Hamburg aus sich entwickeln sollte und konnte, bis ihre Resultate eine förmliche Bisthumsgründung ermöglichen würden. Dieser Charakter der Anordnung, als einer festbegrenzten und auf bestimmten, der Herrschaft des Kaisers unterworfenen Landestheilen beruhenden Diöcese, hat einerseits eine wiederum feste Grenzen setzende Theilung dieses Sprengels ermöglicht, hat andrerseits den neuen Inhabern dieselben Rechte für diese Theile gegeben, die früher der Inhaber des Ganzen für dieses Ganze gehabt: der Bischof von Verden übt, ohne vorher irgend welcher Genehmigung des Papstes zu bedürfen, missionarische Thätigkeit in den slawischen Landen aus, weil diese nunmehr einen Theil seiner Diöcese bilden.

Wesentlich davon verschieden ist das, was Kaiser Ludwig der Stiftung seines Vaters hinzugefügt hat: ein nicht erobertes, von fränkischem Einfluß unberührtes Gebiet wird als Missionssprengel dem Hamburgischen Erzbischof untergeben: daher einerseits der Mangel fester Grenzen, daher andrerseits der Mangel kaiserlichen Rechts, das zu ersetzen das vom Papst ertheilte Recht der Legation bestimmt ist: aus der beabsichtigten kaiserlichen ist eine mindestens päpstlich-kaiserliche Gründung geworden. Des Papstes Legation sollte ergänzen, sollte nur da eintreten, wo das Recht des Kaisers fehlte, aber da sie ertheilt ward, mischte sie auch da sich ein, wo es ihrer nicht bedurfte: Gregor hat das Anskar ertheilte Recht der Legation nicht auf Schweden und Dänen beschränkt, sondern es auch auf die Slawen ausgedehnt, und Nikolaus hat das bestätigt. Praktische Bedeutung hat aber diese Erweiterung nicht gehabt, über die Sprengelgrenze hinaus ist die Legation in Bezug auf die Slawen nicht angewandt, und innerhalb derselben war man ihrer nicht benöthigt, Anskar so wenig, als ihm noch der ganze Hamburgische Sprengel unterworfen war, wie für den an sein Bisthum gekommenen Theil der Bischof von Verden.

Was die Bischöfe von Verden für die Christianisirung der slawischen Lande haben thun können, ist uns nicht berichtet. Nur von Bischof Adalward meldet uns der späte, doch glaubwürdige

Bericht Adams[1]), daß er ben Slawen geprebigt habe: ben Ort seiner Thätigkeit bezeichnen die oben genannten Grenzen. Schon sein Nachfolger hat bann auf diese Gebiete zu Gunsten des Hamburgischen Erzbischofs verzichten müssen.

In welcher Weise Adaldag das erreicht habe, wissen wir nicht. Zu dem Kaiser stand er in nahem Verhältniß, das Land hatte einst dem Hamburgischen Sitze gehört, das Interesse der Christianisirung forderte vielleicht eine selbständige kirchliche Leitung für diese slawischen Distrikte. Der Plan, für das ganze Slawenland Ein Erzbisthum mit seinen Bisthümern zu errichten, konnte nicht ausgeführt werden, weil Wagrien der Gewalt Adaldag's unterstand, da mochte es denn räthlich erscheinen, wenn wenigstens für dasselbe ein besonderes Bisthum errichtet und diesem auch das bisher zu Verden gehörige slawische Gebiet untergeben wurde.

Gleichzeitige Nachrichten über diese Vorgänge geben uns Schriftsteller so wenig als Urkunden. Auch Adam weiß Nichts anzugeben über die Gründe, die Otto bewogen, seiner Kirche das Aldenburger Bisthum unterzuordnen, als das einfältige. „weil es uns näher ist[2])." Helmold dagegen hat weitere Nachrichten: Otto habe auch Albenburg dem Magdeburger Sitze zu untergeben gedacht, aber später habe es Adalbag erhalten, weil es nach kaiserlichen Privilegien zu seinem Sprengel gehört habe[3]). Das aber scheint

---

1) Adam 2, Kap. 1: Quem (Adalwardum) ferunt — Sclavorum populos eo tempore praedicasse, quo noster Unni ad Scythas legatus extitit. (936). — Adalward ist aber schon 933 gestorben; Ann. necrol. Fuldenses bei Leibniz 3, S. 763; den Todestag geben Necrol. Verdense, Pratje 9, S. 301: 27. Oct., und Necrol. Lueneb., Wedekind 3, S. 10: 29. Oct. — Vgl. Wedekind 1, S. 105, dem Giesebrecht, Wend. Gesch. 1, S. 172, Anm. 3 mit Unrecht widerspricht. — Das Quem bezieht Lappenberg, Archiv 9, S. 385, irrthümlich auf Adalbag.

2) Adam 2, Kap. 14: Magedburgensi archiepiscopatui subiecta est tota Sclavonia usque Penem fluvium. — Sextus episcopatus Sclavoniae est Aldinburg. Eum, quod vicinior nobis est, imperator Hammaburgensi archiepiscopatui subiecit etc.

3) Leibniz 2, S. 547: Kap. 11 Adam ausgeschrieben bis: Aldinburg. Hunc episcopatum, sicut ut caeteros, imperator Otto, Magdenburgensi primum subiicere decreverat, quem tamen postmodum Adheldagus Hammenburgensis episcopus requisivit, eo quod terminus suae ecclesiae antiquis imperatorum privilegiis esset circumscriptus.

nicht eine glaubwürdige Mittheilung, sondern eine Erklärung, die sich der Schriftsteller statt der ihm nicht genügenden seines Vorgängers zurecht gemacht hat. Dann hat Helmold die weitere Angabe[1]), daß der erste Bischof von Albenburg, Marko, — den Adam nicht kennt — von Otto das slawische Gebiet bis an die Peene und zugleich die geistliche Fürsorge über die Stadt Schleswig erhalten habe, so daß erst nach Marko's Tode in Schleswig ein besonderer Bischof eingesetzt, und der neue Albenburger Bischof Edward, von Abalbag ordinirt, auf Wagrien und das slawische Gebiet beschränkt wäre. Was als Wahrheit aus diesem Berichte herauszuschälen, ist schwer zu sagen: die Verbindung mit Schleswig möchte vielleicht darauf hindeuten, daß bei Begründung des Schleswiger Bisthums dessen Vorsteher auch Wagrien untergeben wurde, bis dasselbe mit den slawischen Landen zusammen einen eigenen Bischof erhielt.

Die allerdings mannichfach auch auf Vermuthungen beruhenden Resultate wären also diese[2]): durch eine uns verlorene Urkunde hat Kaiser Otto für das bisher unter Hamburg stehende Wagrien und die bisher Verden untergebenen slawischen Lande ein eigenes Bisthum mit dem Sitze Albenburg begründet und dasselbe unter die Metropolitangewalt des Hamburgischen Erzstuhls gestellt, worauf dann Agapet in einer ebenfalls verlorenen, seiner früheren ähnlichen Urkunde diese Metropolitangewalt anerkannte, und die Päpste Benedikt, dessen Urkunde gleichfalls verloren, Johannes XV, Klemens II, Leo IX und Viktor II die Bestimmungen der letzteren bestätigten.

---

[1]) Kap. 12: Huic urbi (Aldenburg) — caesar pontificem dederat — Marconem, subdens ei omnem Obotritorum provinciam usque ad Penem fluvium et urbem Dimine: praeteren civitatem — Sleswich — eiusdem curae delegavit. — Quo defuncto Sleswich singulari pontifice honorata est. Aldenburgensem sedem suscepit regendam — Edwardus. — Ordinatus est a sancto Adeldago, Hammenburgensi archiepiscopo. — Das Letzte ist wieder nach Adam.

[2]) Zu anderen ist Laspeyres gekommen, ich muß sagen auf unhaltbaren Grundlagen. Er meint S. 94 ff., man gehe am sichersten aus von der Angabe Adams 2, Kap. 42, daß die Slawen 70 Jahre und darüber christlich gewesen seien; diese seien dann von dem Aufstand derselben, den Adam 2, Kap. 43 zwischen 1011 u. 13 setze, zurückzurechnen, woraus sich etwa das Jahr 940 ergebe. Mit solchen Zahlen ist nicht wohl zu operiren, und namentlich hier nicht, wo Adam vollständig wirr in seinen Angaben und nach Thietmar zu berichtigen ist.

IV. Hoheits- und Ehrenrechte.

7. Die Legation.

Die Vereinigung Bremens mit Hamburg wurde von den Kölner Erzbischöfen nicht in der Weise aufgefaßt, wie sie von der Synode angeordnet, von Papst Nikolaus war bestätigt worden. Man wollte nicht anerkennen, daß die ehemalige Bremer Diöcese mit einem Theil der ehemaligen Hamburger zu einem neuen, ungetheilten und dem Hamburgischen Erzstuhl untergebenen Sprengel verschmolzen sei, sondern legte den Sachverhalt so dar, als ob noch beide Diöcesen beständen, der Hamburgische Erzbischof aber gleichzeitig Bischof von Bremen wäre, und in dieser letzteren Eigenschaft dem Kölner Metropolitanstuhle zu gehorsamen habe.

Die Urkunde Formosus (25, 2680 [1])) aus dem Jahre 893 hat diesen Standpunkt anerkannt: die Hamburgische Kirche, quae ad gentium vocationem instituta fuerat, solle zwar, bis sie eigene Suffraganbisthümer gegründet haben werde, das Bremer Bisthum ad subsidium behalten, dafür aber der Hamburgische Erzbischof, qui — Bremensis ecclesiae regimen obtinet, dem Kölner Erzbischof, um es kurz auszudrücken, als Suffragan gegenüber stehen. Sobald aber Bisthümer von der Hamburgischen Kirche errichtet sein werden, soll Köln das Bremer Bisthum zurückempfangen, folglich die Verbindung zwischen Hamburg und Bremen ganz aufhören.

Rückgängig gemacht [2]) werden diese Bestimmungen in einer Urkunde Sergius III (26, 2716). Sie ist nur abschriftlich,

---

[1]) Neuerdings bei Floß, die Papstwahl unter den Ottonen, S. 130.

[2]) Das scheint Maurer I, S. 117 Anm. 25 zu übersehen, wenn nach ihm Brun von Köln »mit vollem Rechte, das alte Bisthum Bremen wieder ansprach, das ja nur auf so lange mit Hamburg verbunden worden war, bis dieses eigene Suffragane erlangt haben werde.«

im Hannoverschen Copiarius, erhalten und in der uns vorliegenden Form entschieden unecht. Ihre Unterschrift ist: Data per manum Petri canc. S. R. E., 5 non. Februarii, ind. tercia. Es fehlt das Jahr des Pontifikats, ein Indiktionsjahr 3 fällt nicht in die Sedenzzeit des Papstes, ein Kanzleibeamter Petrus ist nicht beglaubigt und das Datum konnte damals nicht durch einen Kanzler besorgt werden [1]). Mit einer Aenderung, wie sie Erhard, Regesten No. 505, vorschlägt (statt des 3. Indiktionsjahrs das 3. Pontifikatsjahr zu lesen), ist also Nichts geholfen. Die Unterschrift wenigstens muß als unecht angesehen werden; als was sie Jaffé auch bezeichnet hat. — Aber auch der Urkunde selbst ist kein Vertrauen zu schenken: die Hervorhebung der Norweger in dem Passus archiepiscopalem potestatem in regna Danorum, Norvenorum, Suenorum et omnium septentrionalium nacionum und die Bestimmung, daß fünf benannte Bischöfe te adiuvent et ad te convenientes ordinare episcopos, in quibus canonice inveneris locis et competens designaverit ratio, scheinen in dieser Zeit doch durchaus bedenklich [2]), und auch der Schlußsatz: Tua — sanctimonia oret pro nobis et pro universali sancta Romana ecclesia, et nobis remanda, qualiter et ubi episcopos ordinaveris

---

[1]) Zum ersten Mal in echten Urkunden begegnet uns im Jahre 894 (Jaffé 2689) ein Kanzler Stephan, dann um 907 (Jaffé 2707) ein Erzkanzler Theodor, Beide als Datare; des vereinzelten Vorkommens wegen erklärt Jaffé diese Titel für falsche Lesart. Erst unter Johann XVIII (1003—9) erscheint in der Stellung eines Kanzlers der Abt Petrus in drei Urkunden, aber nicht als Datar, sondern als Schreiber derselben (Jaffé S. 348). Phillips, Kirchenrecht 6, S. 374, scheint diese Stellen übersehen zu haben. — Unter Gregor VI (1045—46) wird zuerst das Datum durch einen Kanzler besorgt (Jaffé S. 363). — Alle falschen Urkunden also, in denen ein Kanzler als Datarius erscheint, müssen nach dieser Zeit gefälscht sein, bezieblich diese Unterschrift erhalten haben.

[2]) Schon Adam I, Kap. 52 sagt darüber: Mirum tamen neque satis cognitum est nobis, an aliqui episcopi in gentes ordinati sunt ab Adalgario, ut privilegium insinuat, an haec ordinatio episcoporum inacta remanserit usque ad dies Adaldagi, ut melius confidimus. Die Aufzählung der Bischöfe erklärt er: quorum ope senex fulciretur. Nach der Urk. kann man wohl nur an eine Assistenz bei Bischofsweihen denken, wozu aber zwei Bischöfe hinreichend waren.

ist auffallend und wunderlich [1]). — Genannt werden die Bischöfe Wichbert von Verden, Bernhard von Minden, Sigmund von Halberstadt, Bernhard von Osnabrück, Biso von Paderborn. Ob und wann ein Nebeneinander dieser Bischöfe möglich ist, kann vorläufig nicht gesagt werden, da die Lebenszeit derselben noch nicht genügend bestimmt ist; unsere Urkunde darf entschieden nicht ohne Weiteres zu einer solchen Bestimmung verwandt werden [2]).

Erst Unni hat daran denken können, die Mission wieder aufzunehmen, sein Nachfolger Adalbag die ersten Bischöfe für die heidnischen Völker zu ordiniren vermocht. Ihm wurden durch die Urkunde Agapet's II die Bischöfe der neu dem Christenthum gewonnenen Lande der Dänen, Norweger, Schweden und des ganzen Nordens untergeordnet. Natürlich kann von einer wirklichen Durchführung der Bekehrung noch nicht die Rede sein, aber das Missionswerk war wieder begonnen, man dachte an die Gründung von Bisthümern und nahm, wie es scheint, auch Norwegens Christianisirung in Aussicht. Die weit aussehenden Pläne konnten aber nicht sogleich verwirklicht werden; wohl erschien Adalbag schon auf dem Ingelheimer Konzil mit Reginbrand von Arhusen, Liafdag, Bischof von Ripen, und Harald, Bischof von Schleswig, aber damit hatte es auch vor der Hand sein Bewenden, und noch 965 waren, abgesehen von dem slawischen Bisthum Aldenburg, nur in Dänemark drei Kirchen, Schleswig, Ripen und Arhusen, begründet. So mag denn, wie wir glaubten annehmen zu dürfen, die päpstliche Urkunde, welche Adalbag das Bisthum Aldenburg untergab,

[1]) Neuerdings macht Dümmler, Auxilius und Vulgarius S. 16 Anm. 4 darauf aufmerksam, daß die Bezeichnung des Formosus durch Sergius als Formosi papae ein weiterer Grund zur Anfechtung sei.

[2]) Die Untersuchung der Frage nach dem Verhältniß Hamburg-Bremens zu Köln unter den Nachfolgern Anskars ist natürlich nicht unsere Aufgabe. Die Stelle bei Adam 1, Kap. 53, daß noch Hoger: per contentionem ordinatus est a Coloniënsi archiepiscopo, ist von Dümmler 2, S. 598 Anm. 4 doch wohl zu wenig betont worden. Vgl. auch Adam 1, Kap. 51: sub Adalgero et Hogero omni tempore dicunt Bremam Coloniae suffraganeam mansisse. Eine wenig beachtete Schrift citirt Binterim 3: F. Cramer, Commentatio historica de ecclesia Coloniensis in Bremensem suffraganeam iure metropolitanico primitivo, Bonnae 1792. Auf den Bibliotheken Berlins u. Göttingens habe ich sie vergebens gesucht.

der Bischöfe für Norwegen nicht erwähnt, neben den flawischen Landen nur die der Schweden und Dänen, welche schon Anskar der Mission eröffnet hatte, hervorgehoben haben. — Nur die Bischöfe dieser Lande nennen auch die Urkunden von Johann XV, Klemens II (und die verlorene eines Benedikt), immer mit dem schon in der Urkunde Agapet's erscheinenden Zusatze qui nunc — ad Christi conversi sunt fidem.

Weiter geht erst die Urkunde Leo's IX: die Bischöfe in omnibus gentibus Sueonum seu Danorum, Norvechorum, Islant, Scridevinnum, Gronlant, des ganzen Nordens und jener flawischen Gebiete (wieder mit dem angeführten Zusatz) sollen der Metropolitangewalt des Hamburgischen Erzbischofs untergeben sein. Gleiches Recht bestätigt Adalbert die Urkunde Viktor's II.

Den Schluß bildet endlich die Urkunde Innocenz II vom 27. Mai 1133 (144, 5453): sie unterwirft dem Erzbischof Adalbero episcopatus Daciae, Svediae, Norveiae, Farriae, Gronlondiae, Halsingaldiae, Islandiae, Scridivindiae et Sclavorum, und zwar auf Grund der Innocenz vorgelegten alten Privilegien der Päpste Gregor, Sergius, Leo, Benedikt, Nikolaus und Hadrian.

Um 1133 sind also falsche Urkunden vorhanden, die nicht nur alle die Völker aufzählen, welche in einer echten Urkunde zuerst unter Leo IX genannt werden, sondern außerdem noch die Farröer und Halsingländer. Wir besitzen diese Fälschungen fast alle, abschriftlich oder im Original, nur die von Benedikt III (855—58) ist spurlos verschwunden.

————

Die falsche Urkunde Gregor's IV [1]), Original zu Stade, enthält sämmtliche Namen, und zwar in derselben Reihenfolge, wie die Urkunde Innocenz II.

Die falsche Urkunde Nikolaus ist nur abschriftlich erhalten, im Codex Vicelin's.

Ferner kommen an dieser Stelle in Betracht die Interpolationen in der Vita Änskarii und der Vita Rimberti, sowie diejenigen in der falschen Urkunde Ludwig's des Frommen. Die Urkunde in dieser Gestalt findet sich abschriftlich im Codex

————

[1]) Vgl. im Ganzen die Ausführungen von Asmussen S. 188—212 u. Lappenberg, Hamb. Urkbb. Beilage 1.

Ubalrich's und in dem Vicelin's; zu vergleichen ist aber auch die mit weiteren Interpolationen versehene Form, in der sie Renner-vorlag.

Die Abschriften, beziehlich die Drucke, weichen vielfach von einander ab, und es scheint daher zweckmäßig, die betreffenden Stellen übersichtlich unter einander zu stellen. Wir gehen aus von dem bei Lappenberg abgedruckten Original der Urkunde Gregor's und fügen dann das Uebrige so an, daß durch die Zahl oder Linie das Vorhandensein oder das Fehlen des betreffenden Namen und gleichzeitig durch jene auch die Reihenfolge angedeutet wird. Namen, die sich in der Abschrift nicht finden, aber doch nur durch Versehen des Abschreibers fehlen können, habe ich durch Parenthesen bezeichnet.

	Dänen.	Schweden.	Norweger.	Farder.	Grönländer.	Halsingländer.	Isländer.	Scridefinnen.	Slawen.	Norden.	Osten.
Urt. Gregors:	1	2	3	4	5	6	7	8	9	10	11
V.A. Kap.13. Cäsar S.72:	2	1	(3)	4	5	—	6	7	8	9	10
= = 23. = = 94:	2	1	4	3	5	—	6	7	8	9	10
V.R. = 1. = =130:	2	1	3	4	5	—	6	7	8	9	10
Urt. Nikolaus:	2	1	4	3	5	—	6	7	8	9	10
= Ludwigs, Cod. Ud.:	1	(2)	(3)	(4)	5	—	6	(7)	—	8	9
= = Vic.:	(1)	2	3	4	5	—	6	7	—	8	9
= = Renner: ..	1	2	3	4	5	6	7	8	—	9	10

Die Abweichungen, welche durch die Fälschung in den beiden Vitas und in den Urkunden entstanden, sind folgende [1]. Nicht Anskar und Ebbo gemeinschaftlich wird die Legation vom Papste übertragen, sondern Anskar allein, und nicht nur ihm persönlich, sondern auch seinen Nachfolgern; ferner wird diesen und Anskar das päpstliche Vikariat ertheilt, und endlich heißt es jetzt in omnibus circumquaque gentibus Danorum, Sveonum, Norvehorum, Farrie, Gronlondan, Halsingalondan, Islandan, Scridevindun, Slavorum, nec non omnium septentrionalium et orientalium nationum, quocunque modo nominatarum statt des ursprünglichen in omnibus circumquaque gentibus Sueonum, sive Danorum, nec non etiam Slavorum, vel in caeteris ubicunque illis in partibus constitutis divina pietas ostium aperuerit. — Ebbo's Verdienste und das

---

[1]) S. auch Asmüssen S. 141 u. 151.

ihm neben Anskar gelassene Recht sind sorgfältig gestrichen; allein den Vorstehern der Hamburgischen Kirche wird die Durchführung des Missionswerks im Norden zugeschrieben, und ausschließlich für sie deshalb auch das erzbischöfliche Recht über denselben beansprucht. Daß eine Reihe von Völkern aufgezählt wird, ist allerdings „wie eine richtige Interpretation" zu betrachten, denn offenbar enthalten in Bezug darauf die echten Urkunden in ihrer Unbestimmtheit ganz dasselbe wie die Fälschungen[1]). Die Legation und das päpstliche Vikariat waren Adalbert von Papst Leo IX verliehen; ob nur ihm oder auch seinen Nachfolgern, ist nicht klar, doch scheint das Letztere der Fall. Wenn dennoch nach Erlaß der Urkunde Leo's abseiten der Hamburgischen Kirche in Bezug auf die in derselben gegebenen Rechte Urkunden gefälscht sind, so mag dazu einmal das Verlangen nach größerer Sicherung derselben, die durch den Nachweis ihres Besitzes während zweier Jahrhunderte gegeben schien, sodann die bedenkliche Klausel: si tamen — praesto sint obedire nobis nostrisque successoribus in apostolica sede der Beweggrund gewesen sein.

An zweiter Stelle sprechen wir von den drei übrigen, von Innocenz genannten Urkunden.

Die Urkunde Sergius II (11, 339 sp.), im Hannoverschen Copiarius erhalten, mit der Unterschrift: Data p. m. Leonis, canc. S. R. E., in m. Aprili, ind. 9, unzweifelhaft also falsch, unterwirft neben den Dänen und Schweden die Wimodier, Nordalbingier, Norweger und alle Völker des Nordens, soweit Anskar dieselben durch seine Predigt dem Christenthum gewinne, der spiritualis dominatio der Hamburgischen Kirche, und ermuntert den Erzbischof, auch fernerhin Kirchen zu gründen, Presbyter zu weihen und Bischöfe einzusetzen, setzt also die Legation voraus.

Die Urkunde Leo's IV (13, 351 sp.), erhalten daselbst, mit der Unterschrift: Data p. m. Stephani, canc. S. R. E., in m. Martio, ind. 12, stimmt vollständig mit der vorigen überein.

Die Urkunde Hadrian's II (20, 346 sp.), erhalten ebenda, mit der Unterschrift: Scriptum p. m. Gregorii, notarii atque scriniarii sacri palatii, in m. Novembrio, ind. 5. Data p. m.

---

[1]) Lappenberg, Hamb. Urkdb. S. 786, während Asmussen S. 141 ff. mit Unrecht nur die ausdrücklich genannten Völker gelten lassen will.

Johannis, canc. S. R. E., peractis missarum celebrationibus ante altare b. Petri apostoli, enthält dieselben Bestimmungen, bemerkt aber ausdrücklich, was die beiden andern mehr voraussetzen: Legatum quoque nostrum te per omnia septentrionalia regna constituimus.

Daß alle drei Urkunden falsch sind, ergiebt sich schon aus der Besorgung des Datum durch einen Kanzler; auch die Urkunde Hadrian's kann durch die Erwähnung des Skriptum neben dem Datum und durch die Bestimmung peractis 2c. nicht beglaubigt werden. Die Bekehrung der Wimodier, Nordalbingier, Norweger, die wunderliche Zusammenstellung derselben u. s. w. sind offenbare Beweise einer groben Fälschung[1].

Drittens sind diejenigen Urkunden zu nennen, welche zwar von Innocenz nicht aufgezählt werden, ihrem Inhalte nach aber gleichfalls hierher gehören.

Die Urkunde Benedikt's VIII (64, 377 sp.), Original zu Stade, Data p. m. Petri, canc. S. E., in m. Aprili, ind. quinta, und die Urkunde Benedikt's IX (71, 381 sp.), Original daselbst, Data p. m. Leonis, canc. S. R. E., in m. Martio, ind. tercia, beide schon dieser Unterschrift wegen zu verwerfen, enthalten den Satz: Legationem — et archiepiscopalem potestatem in omnia regna septentrionalia, Danorum scilicet, Svenorum, Norvenorum, Hislandicorum et omnium insularum his regnis adiacentium, tibi et omnibus successoribus tuis perpetuo tenenda concedimus. Derselbe Satz kehrt wieder in der Urkunde Alexander's II für Liemar, Data 4 nonas Februarii, ind. 5, p. m. Hildebrandi, canc. S. Petri atque abbatis s. Pauli, ihrer Unterschrift wegen gleichfalls von Jaffé verworfen. Die Abfassungszeit dieser drei Urkunden wird durch den in ihnen enthaltenen Passus, der ersichtlich genau dasselbe sagen will, wie die zuerst genannten Urkunden, als gleichzeitig und folglich durch das Datum der spätesten als nach dem Jahre 1073 bestimmt.

---

[1] Das hat schon ausgeführt Asmussen S. 228—232. Gfrörer I, S. 149 ff. meint dagegen, wenn die Lesart Wimodier richtig sei, enthalte die Urk. des Papstes »ein verstecktes Versprechen, die beabsichtigte Vereinigung Bremens mit Hamburg gut zu heißen.« Vgl. auch Lappenberg, Hamb. Urkbb. S. 19 Anm. 2 u. Ehmck, Brem. Urkbb. S. 6 Anm. 1.

Endlich sind viertens die Urkunden Anastasius III und Johannes X zu erwähnen. Sie enthalten dieselben Namen, wie die Urkunde Leo's, was — wie wir schon gesehen — sich daraus erklärt, daß der Fälscher diese echte Urkunde benutzte.

Das Resultat des Bisherigen wäre Folgendes:

1) Die Urkunden Gregor's, Nikolaus u. s. w. sind später gefälscht als die Urkunde Leo's IX abgefaßt ist, weil sie mehr enthalten als diese.

2) Die Urkunden Benedikt's VIII, Benedikt's IX und Alexander's II sind nach 1073 gefälscht, weil die letzte Urkunde dieses Jahr trägt.

3) Die Urkunden Anastasius III und Johannes X sind nach der Urkunde Leo's IX gefälscht.

4) Die Urkunden Sergius II, Leo's IV, Hadrian's II sind in ihrer Abfassungszeit vorläufig noch nicht fest bestimmbar.

8. Das Pallium.

Eine Reihe von päpstlichen Urkunden oder doch von Bestimmungen in denselben bezieht sich auf das Recht der Hamburgischen Erzbischöfe, das Pallium an bestimmten Festtagen zu tragen oder ähnlicher Auszeichnungen zu genießen. In Bezug auf Inhalt und Form gehen auch hier echte Privilegien und Fälschungen neben einander her, und es erscheint daher geboten, ähnlichen päpstlichen Bestimmungen, deren es in förmlichen über diesen Akt ausgestellten Urkunden, namentlich in der älteren Zeit verhältnißmäßig wenige giebt, soweit thunlich Berücksichtigung zu schenken.

Die älteste Verleihung des Palliums für einen Hamburgischen Erzbischof enthält die Urkunde Gregor's für Anskar. Sie bewegt sich in den gebräuchlichen Formeln (Si — pastores ovium [1])) und verleiht, wie dies immer geschieht, das Pallium auf Lebenszeit des Empfängers (in diebus tuis), giebt aber keine bestimmten Tage für den Gebrauch desselben an.

Die Urkunde Nikolaus bestätigt auch diese Verleihung, indem sie die Worte Gregor's wiederholt; an eine neue Ueber-

---

[1]) Vgl. den Liber diurnus, cap. IV. tit. 1, ed. Garnerius, Paris. 1680 (4) S. 82.

fendung eines Palliums kann nicht gedacht werden. Dagegen werden Bestimmungen hinzugefügt, welche die Urkunde Gregor's nicht enthielt [1]): das Abwenden von den Glauben und den Satzungen Roms werde den Verlust des Palliums zur Folge haben; es sei daffelbe nach der Gewohnheit des apostolischen Stuhles gegeben, woraus den Nachfolgern Anskar's die Pflicht erwachse, dem Papste entweder selbst oder durch Gesandte mit Eid und Schrift zu geloben, daß sie seinen Glauben theilen, die sechs Synoden anerkennen und die Beschlüsse und Briefe der Päpste beachten und vollziehen wollen.

Es sind das die damals gewöhnlichen, an die Ertheilung des Palliums geknüpften Bedingungen. Abo von Vienne, der nur in Bezug auf die vier ersten Synoden geantwortet, legt Nikolaus auf [2]), ihm so schnell als möglich auch über die fünfte und sechste Synode seinen Glauben zu melden; er gewährt ihm freilich schon jetzt seine Bitte in Betreff des Palliums, aber nur, weil er aus Abo's Schreiben ersehen, daß derselbe in Allem halten wolle, was die heilige Kirche lehre. Hinkmar von Rheims schreibt der Papst [3])

---

1) si a fide et institutis aut sanctionibus te tanto sublimantis honore sedis apostolicae declinare studiose praesumseris his nostris tibi collatis careas beneficiis. Porro te pallio uti non nisi more sedis concedimus apostolicae, scilicet ut successores tui per semetipsos vel per legatos suos et scriptum, fidem nobiscum tenere ac sanctas sex synodos recipere atque decreta omnium Romanae sedis praesulum et epistolas quae sibi delatae fuerint venerabiliter observare atque perficere omnibus diebus suis scripto se et iuramento profiteantur.

2) Jaffé 2032 (i. J. 862): moerori affecti fuerimus, eo quod quatuor synodos observantes, quintam et sextam praetermiseritis. — — Ideoque volumus —, ut sub omni celeritate dirigatis, qualiter vos de ipsis quinta et sexta synodis sentiatis und Nam in petitione palli vobis annuimus. Verumtamen istiusmodi occasione nacta, non fuerat postulatio vestra implenda, nisi recensita intentione directae scripturae cognovissemus vos per omnia tenere velle quod sancta dogmatizat ecclesia.

3) Jaffé 2051 (i. J. 863): si a sanctae Romanae ecclesiae constitutis, vel ab eius praesulum iussionibus quolibet tempore inventus fueris segregatus, eorumque sive per epistolam sive per verba mandatis obedire neglexeris, huius privilegii atque praecepti tenor nullius momenti penitus iudicetur, et cuncta quae in eo continentur irrita in perpetuum atque inania prorsus existant.

bei Bestätigung der Rechte desselben, wenn er von den Bestim=
mungen der römischen Kirche oder den Befehlen ihrer Vorsteher
abweiche, und den mündlichen oder schriftlichen Aufträgen derselben
nicht nachkomme, so werde dadurch das gegenwärtige Bestätigungs=
schreiben kraftlos werden. Und durch Salomon, König der Bretagne,
verlangt Nikolaus von dem Bischof von Dol[1]), es solle ihm der=
selbe den Beweis seines katholischen Glaubens und das Versprechen
schicken, den Beschlüssen des apostolischen Stuhles gehorsamen zu
wollen, und durch einen Gesandten einen Eid leisten lassen, daß
er den Glauben habe und den Gehorsam zeigen werde, den die
eingesandten Schriften bezeugten. Denn das sei das Recht des
apostolischen Stuhls und der römischen Kirche unverbrüchliche Ge=
wohnheit.

Aus dem Angeführten ergiebt sich, daß die Bestimmungen
unserer Urkunde vollständig dem entsprechen, was damals als all=
gemein gültig zu betrachten ist[2]). Auch dieser letzte Theil derselben
ist also vollständig beglaubigt.

Bestimmte Tage, an denen der Erzbischof das Pallium ge=
brauchen dürfe, nennt zuerst die Urkunde Nikolaus für Rimbert

---

[1]) Jaffé 2110 (l. J. 865): Mittat etiam et alia scripta, pariter et ido-
neum ex proprio clero legatum. Scripta siquidem fidei catholicae
documenta et observandarum b. Petri apostolorum principis cathe-
drae decretalium sanctionum promissa circumferentia; legatum
vero, qui iureiurando positis super sacrum evangeliorum codicem
manibus affirmet, antistem suum ita credere atque ita deinceps
observaturum esse, sicut illa scripta nobis ab eo missa testari vel
continere noscuntur. Quoniam ita est apostolicae sedis auctoritas
et sanctae Romanae — ecclesiae irrefragabilis observatio. — An=
merkungsweise mag hier noch hinzukommen, daß aus etwas späterer
Zeit stammende Bruchstück eines Schreibens Johanns VIII für Willi=
bert von Köln, Jaffé 2244: Optatum tibi pallium nunc conferre
nequivimus, quia fidei tuae paginam minus, quam oporteat, continere reperimus: cum videlicet in ea nullam sanctarum univer-
salium synodorum, in quibus fidei nostrae symbolum continetur,
nec decretalium pontificum Romanorum constitutorum, secundum
morem feceris mentionem: sed nec illam propria subscriptione
muneris, nec aliquem qui hanc iureiurando firmaret miseris.

[2]) Es ist also auch unmöglich, gerade sie als ein neues Moment in der
Entwicklung der Pallienverleihung zu betrachten.

vom December 865 (19, 2112). Sie ist erhalten im Hannoverschen Copiarius und trägt die Unterschrift: Scriptum p. m. Zachariae, scriniarii S. R. E., in m. Decembre, ind. 14, ist also durch denselben Beamten ausgefertigt, wie die vorgenannte Urkunde[1]). — Rimbert war der erwähnten Bedingung nachgekommen: sein ihm brieflich mitgetheiltes Glaubensbekenntniß, schreibt ihm der Papst, hätte er ausführlicher ausdrücken können, doch freue er sich trotz dieser Kürze die Richtigkeit desselben erkannt zu haben[2]). Dieser an sich für die Echtheit der Urkunde sprechende Passus wird auch dadurch, daß er als Formel in dem Liber diurnus[3]) und in einer Reihe von Privilegien wiederkehrt, eine weitere Beglaubigung für dieselbe. — Die festgesetzten Tage sind folgende[4]): Ostern, die Tage der Apostel und Johannes des Täufers, Himmelfahrt Mariä, Weihnacht, der Kirchweihtag, der Jahrestag der Ordination des Erzbischofs. Dabei findet sich der Zusatz „wie das von unserem Vorgänger Gregor bestimmt ist." Lappenberg meint, da die Urkunde Gregor's für Anskar diese Bestimmung nicht enthalte, so sei entweder diese oder jene verdächtig. Indessen nimmt der Passus nicht

---

[1]) Freilich heißt er nur hier bloß Skriniar; Jaffé 2011 u. 2201: Notar und Skriniar; Jaffé 2051 und in der obigen 2085: Notar, Regionar und Skriniar.

[2]) Fidem autem tuam, quam intus epistolis breviter ascripsisti, licet lacius explanare debueras, redemptori tamen nostro gratias agimus, quod eam in ipsa tam brevitate rectam esse cognovimus.

[3]) S. denselben cap. IV, tit. I, u. Jaffé 1916 v. J. 803, 2722 v. J. 912, 2757 v. J. 937, 2833 v. J. 962; vgl. auch, was Garnerius S. 85 zu der Stelle bemerkt, mit dem Vorhergehenden.

[4]) in die sanctae ac venerandae resurrectionis Domini nostri, Ibesu Christi, seu in nataliciis sanctorum apostolorum, atque beati baptistae Johannis, nec non in assumptione beatae Dei genitricis Mariae, simulque in dominicae domini Dei nostri nativitatis die, pariterque in sollempnitatis aecclesiae tune die, verum etiam et in ordinationis tuae natalicio — die, sicuti a beatissimo predecessore nostro domino Gregorio, huius almae sedis presuli, sancitum est. — Vgl. Jaffé 1961, 2020, 2722 und Jaffé 2201, 2757. Entscheidend ist Hadrians Verleihung des Palliums an Aktard v. Nantes (Jaffé 2201): ein einfacher Bischof soll er als persönliche Auszeichnung das Pallium erhalten, und doch wird die Bestimmung sicut a — Gregorio sancitum est hinzugefügt.

auf dies angezogene Hamburger Diplom Bezug, sondern — wie sich daraus ergiebt, daß derselbe in einer Reihe von Urkunden wiederkehrt, immer dieselben Tage allein oder in Verbindung mit andern nennend — auf eine allgemeinere Bestimmung Gregor's, und unter demselben ist nicht Gregor IV.[1]) zu verstehen, denn eben dieser Papst nennt in der Urkunde für Salzburg gleichfalls jene Tage unter Berufung auf Gregor. Die in unserer Urkunde genannten Tage sind also die damals regelmäßig zum Gebrauch des Palliums bestimmten.

Es kehren dieselben wieder in den fünf Urkunden der Päpste Stephan V, Sergius III, Leo VII, Benedikt VIII und Benedikt IX.

Die Urkunden Benedikt's VIII und IX scheiden wir zunächst aus: sie wollen später ertheilt sein, als die gleich zu betrachtende Urkunde Johannes XV, enthalten aber nicht die durch diese neu hinzugekommenen Tage, sondern nur die in der Urkunde Nikolaus genannten; dagegen bringen sie jenen Zusatz in Betreff der Legation, der den übrigen genannten Palliumsverleihungen fehlt. Sie sind also zu einem anderen Zweck gefälscht als diese und zwar später, weil der Fälscher dieser, wenn er jene zum Muster gehabt hätte, den erwähnten Zusatz nicht ausgelassen haben würde.

Die Urkunde Stephan's VI (21, 350 sp.), Original zu Stade, Data p. m. Johannis. canc. S. E., in m. Novembre, ind. 4, erweist sich durch diese Unterschrift als Fälschung.

Die Urkunde Leo's VII (33, 2765), Abschrift im Hannoverschen Copiarius, ist am Schluß verstümmelt, in Bezug auf die Unterschrift also nicht zu beurtheilen.

Die Urkunde Sergius III (27, 2721), Original zu Stade, Scriptum p. m. Stephani, scriniarii S. R. E., in m. Maio et ind. 6 ist Fälschung. Dagegen hat Cäsar die Abschrift einer Urkunde dieses Papstes mitgetheilt[2]): Scriptum p. m. Johannis, scriniarii S. R. E., in m. Maio, ind. decima quarta. Bene vale. Data in Kalend. Junii p. m. Theophylacti sacellarii S. Sed. apost., in sede b. Petri apostoli 8, ind. 14. Von dieser hat

---

[1]) Gewiß ist an Gregor I. zu denken, auf den auch nach Garnerius Ansicht das ganze Formular Si pastores ovium zurückzuführen wäre.

[2]) Und danach Lambeck 2, S. 429 ff.

schon Jaffé bemerkt, daß die Unterschrift — wie sich aus dem richtigen Indiktionsjahr, Sedenzjahr und dem Sacellarius Theophylaktus ergiebt — entschieden aus einer echten Urkunde herrühre, und daß statt in Kalend. zu lesen sei III Kalend. Hinzuzufügen ist dem nur, daß — was Jaffé aus dem von Lappenberg nach dem Wiederabdruck Lambeck's gegebenen Bruchstück nicht sehen konnte — die Urkunde nicht durch einen Stephan, sondern durch den auch anderweitig beglaubigten Skriniar Johannes geschrieben, und daß folglich der nur in der Fälschung erscheinende Stephan aus dem Verzeichniß der päpstlichen Kanzleibeamten zu streichen ist. — Diese Fälschung ist um so auffallender, als sie auch nicht einen, ihren Zweck verrathenden Zusatz enthält. Es ist daher unglaublich, daß ihr Verfertiger das echte Original oder auch nur eine vollständige Abschrift, wie sie uns bei Cäsar vorliegt, vor sich gehabt haben sollte, denn in jenem Falle wäre seine ganze Arbeit, in diesem seine Umänderungen vollständig sinnlos gewesen; und man muß annehmen, daß entweder der Fälscher nur eine unvollständige Kopie des verlorenen Originals besaß und demgemäß die Unterschrift nach Gutdünken hinzuzufügen gezwungen war, oder daß derselbe ohne Etwas vom Original und von der Abschrift vor Augen zu haben, aber auf Grund einer anderen, ähnlichen echten Urkunde sein Schriftstück frei gefälscht habe. Daß nun diese letztere Ansicht die richtige, ergiebt sich unserer Ansicht nach daraus, daß bei Cäsar außer den genannten Tagen noch die, freilich nicht als neu angekündigte, aber vorher noch nicht vorhandene Bestimmung hinzutritt et quando recunduntur reliquiae sanctorum a te, und daß sich ferner eine Reihe stilistischer Abweichungen zwischen der Cäsar'schen Fassung und dem falschen Originale finden.

Die Gewißheit, daß die Originalurkunden Stephan's VI und Sergius III Fälschungen sind, wird uns allerdings mit Vorsicht auch gegen die Urkunde Leo's VII erfüllen. Dennoch läßt sich wenigstens Einiges für die Echtheit derselben sagen. Sie allein hat den Zusatz quae (die Hamburgische Kirche) sita est ultra fluvium, qui vocatur Albia, den allenfalls ein Fälscher nach dem ihm vorliegenden Muster oder sonst in seinen Machwerken anzubringen irgend welchen Grund finden mochte, den derselbe aber schwerlich in nur eine von drei sonst vollständig übereinstimmenden Fälschungen gesetzt haben würde. Ferner zeigt eine Vergleichung des Stilistischen, daß zwischen der Urkunde Sergius III (bei Cäsar) und der Urkunde Nikolaus einerseits und den falschen Originalurkunden und der Urkunde Leo's andrerseits sich mancherlei kleine Abweichungen finden, während diese letzteren drei wörtlich gleichlauten, was wenn auch nicht nothwendig, so doch möglicher Weise sich dadurch erklären würde, daß die Urkunde Leo's den beiden Fälschungen zum Muster gedient hätte.

Die nächste Vermehrung der Tage geschieht durch die Urkunde Johann's XV. Sie fügt zu den früheren, aber nicht benannten Tagen hinzu: die Tage der Märtyrer Mauritius und Laurentius und die Feste der Hamburgischen Kirche. Ganz am Schluß der Urkunde, als Nachschrift, befindet sich der Satz: Pallium vobis mittimus et insuper concedimus, isto vel alio cuiuscunque generis nitidi candoris vobis placuerit vos indui.

Die Urkunde Klemens II bestimmt, aber ohne zwischen dem Bisherigen und etwa Neuertheiltem zu unterscheiden, pro voto — peticionis des Erzbischofs Adalbert's folgende Tage zum Gebrauch des Palliums: Weihnacht, Beschneidung Christi, Epiphania, Mariä Reinigung, Palmsonntag, Gründonnerstag, Ostern, Himmelfahrt, Pfingsten, Johannistag, Himmelfahrt Mariä, die Aposteltage, Mariä Geburt, Mariä Verkündigung, die Feste der heiligen Laurentius und Mauritius, des Erzengels Michael, aller Heiligen, Bischof Martin's, der Heiligen deren Körper in der Hamburgischen Erzdiöcese ruhen, bei Bischofs- und Kirchweihen und am Jahrestag der Ordination. — Dazu gewährt sie deprecatione Heinrici imperatoris dem Erzbischof das Recht auf einem Zelter zu reiten und gesteht ihm die Erlaubniß zu palleo utendi in ordinationibus ecclesiasticis et crucem ante vos portandi, sicut antecessores vestri habuerunt.

Als von seinen Vorgängern festgesetzte Tage bestätigt Leo IX dem Erzbischof die von Klemens genannten Feste und fügt außerdem hinzu: Ostersonnabend, Kreuzfindung und St. Stephanstag. Er bestätigt Adalbert die Erlaubniß ein Kreuz vor sich her tragen zu lassen und auf einem Zelter zu reiten und giebt ihm die neue, sein Haupt mit der Mitra zu schmücken.

Erst nach Erlassung dieser Urkunde gefälscht sind also alle diejenigen Diplome zu betrachten, welche, aus einer früheren Zeit datirt, entweder dasjenige enthalten, was hier ausdrücklich als neu verliehen wird oder in ihren Bestimmungen noch darüber hinausgehen. Der Art sind folgende fünf:

Die Urkunde Sergius II gewährt das Pallium für Ostern, Pfingsten, Weihnacht, Mariä Himmelfahrt, Mariä Geburt, Mariä Reinigung, an den Aposteltagen, allen Sonntagen, den Festen der Hamburgischen Diöcese. Daneben erhält Anskar das Recht, ein Kreuz vor sich her tragen zu lassen, und sich mit der Mitra zu schmücken.

Die Urkunde Leo's V stimmt genau mit der vorhergehenden überein.

Die Urkunde Hadrian's bestimmt dieselben Tage für das Pallium und giebt das Recht auf Kreuz und Mitra.

Die Urkunde Anastasius III gestattet den Gebrauch des Palliums ohne die Tage namentlich anzuführen und giebt das Recht der Mitra.

Die Urkunde Johannes X lautet wie die vorige.

An die früheren Resultate anknüpfend, bemerken wir:

4) Die Urkunden Sergius II, Leo's IV, Hadrian's II (vorhin noch unbestimmbar) sind später gefälscht als die Urkunde Leo's IX erlassen ist, weil sie mehr enthalten als diese.

5) Die Urkunden Stephan's VI und Sergius III sind früher gefälscht, als die Urkunden Benedikt's VIII, Benedikt's IX und Alexander's II, weil sie diesen zum Muster gedient haben.

9. Besitzbestätigung.

Drei päpstliche Urkunden für die Hamburgische Kirche enthalten die Bestätigung des Besitzes derselben.

Die Urkunde Stephan's VI (24, 351 sp.) vom Mai 896, Original zu Stade, hat die Unterschrift: Scriptum p. m. Johannis, scriniarii S. R. E., in m. Maio, ind. 11; die Urkunde Marin's (34, 359 sp.), vom Mai 946, Original im Archiv der königlich dänischen Gesellschaft: Scriptum p. m. Benedicti, canc. S. R. E., in m. Maio, ind. 6; die Urkunde Johannes XV (53, 375 sp.) vom Juni 996, Original zu Stade: Scriptum p. m. Johannis, canc. S. R. E., in m. Junio, ind. 9.

Jaffé hat alle drei Urkunden als unecht verworfen. Unter Stephan ist kein Skriniar Johannes beglaubigt, kommt kein Indiktionsjahr 11 vor, sollte entweder das Regierungsjahr des Kaisers oder das Sedenzjahr des Papstes angegeben sein. Unter Marinus kann der Kanzlertitel nicht vorkommen, war kein Beamter Benedikt, kein Indiktionsjahr 6, wird das Pontifikatsjahr angegeben. Unter Johann XV endlich gab es noch nicht die Kanzlerwürde, war freilich ein Beamter Johannes, aber mit dem Titel Notar, Regionar und Skriniar, wird das Sedenzjahr bemerkt; Johann erlebte freilich noch das neunte Indiktionsjahr, aber nicht mehr den Juni desselben, sondern starb schon Anfang April.

Die demgemäß entschieden gefälschten Urkunden stimmen wörtlich mit einander überein. Der Papst bestätigt dem Hamburgischen Erzbischof und den Nachfolgern desselben illam dignitatem et fines proprios, cum praediis omnibus et parrochiis et omnibus rebus mobilibus vel immobilibus, cum mancipiis utriusque sexus — quam — Gregorius — Ansgario — concessit, stabilito scilicet iure et cunctis finibus, quas Lodowicus — et Lodowicus, eius filius, tuam voluerunt habere ecclesiam et imperiali diffinierunt potestate. Ferner beschließt der Papst: ut potestatem habeas ordinandi episcopos infra tuam parrochiam et diocesim, ita tamen, ut sub tua tuaeque aecclesiae, salva dignitate ipsius maneant potestate.

Das Formular läßt erkennen [1]), daß wir es nicht mit freien, sondern auf Grund einer echten Vorlage gemachten Fälschungen zu thun haben. Die Grenzen, welche Ludwig der Fromme gesetzt haben soll, und die potestas ordinandi episcopos lassen darauf schließen, daß der Zweck der Interpolation oder Fälschung dahin gehe, das Legations- und Metropolitanrecht des Hamburgischen Erzbischofs auf den Norden als von Anfang an vorhanden und von den Päpsten allen Erzbischöfen bestätigt darzustellen.

---

[1]) Vgl. die Formel im Liber diurnus 7, IX (S. 125) und Jaffé 2826, auch 2886.

Schluß.

Aus dem Bisherigen haben wir für eine Reihe von Fälschungen das Jahr 1133, in welchem auf Grund derselben Innocenz II dem Hamburger Erzbischof noch einmal den gesammten Norden unterwarf, als die äußerste Grenze für die Zeit ihrer Anfertigung kennen gelernt. Auch weiter sind wir diese einzuengen genöthigt, denn der in den Urkunden Innocenz entschiedene Streit zwischen Lund's Ansprüchen auf Selbständigkeit und der Forderung Hamburgs auf Unterordnung hatte schon lange bestanden, war bereits 1123 von Kalixtus II im Sinne Hamburgs entschieden worden [1]. Der Papst hat Adalbero in einer uns leider nicht erhaltenen Urkunde, „das durch die Nachlässigkeit seiner beiden Vorgänger (Humbert und Friedrich) verlorene und auf die Dänen übergegangene Pallium" zurückgegeben, und ihm die licentia predicandi ertheilt, quousque terra ad Oceanum versus partes illas extenditur, denn, wie der Schriftsteller wohl aus eigener Kenntniß der Urkunde sagt [2]: der Bremer Kirche war zu Metropolitenrecht der Principat über Dänen, Schweden, Norweger und Skridefinnen zuständig. Und noch weiter zurück führt uns das Alter des Codex Vicelini, der die Interpolationen in den Vitae und die gefälschten Urkunden Ludwig's des Frommen, Gregor's und Nikolaus enthält.

---

[1] Ann. Hildesheim. 1123, M. G. 3, S. 115: Adelbero Bremensis archiepiscopus canonice electus pro reposcendo pallii dignitate Romam vadit; ibi a domno apostolico Calisto honorifice suscipitur, in archiepiscopum ab eo consecratur, habitaque synodo canonico et iudiciario ordine pallium obtinuit, negligentia duorum antecessorum suorum amissum et in Danos translatum.

[2] Ann. Saxo 1123 M. G. 6, S. 759: Antiqua enim et nobilis illa Bremensis ecclesia iure metropolitano super Danos et Suethos et Norwegun et Scridevingos principatum habuit.

Das Buch ist von Vicelin, damals Kanoniker der Bremer Kirche, mit Erlaubniß seines Bischofs Friedrich an das Kloster zu Paderborn geschenkt, während demselben der Abt Hamuko vorstand [1]). Friedrich ist 1123 gestorben, Hamuko erscheint zuerst in einer Urkunde von 1118, sein Vorgänger Gumpert zuletzt um 1109: zwischen 1109—18 und 1123 ist also schon der Coder nach Paderborn gekommen [2]). Wann aber derselbe geschrieben, wissen wir nicht, da der Schreiber Everhard nicht weiter bekannt ist; die Handschrift deutet nach Pertz auf das Ende des -11. oder den Anfang des 12. Jahrhunderts. Offenbar sind aber die Fälschungen nicht zuerst in einen Coder gekommen, den man nach Paderborn verschenken wollte, sondern es muß eine andere Handschrift angenommen werden, die von Everhard abgeschrieben wurde.

Eine für die weitere Bestimmung wichtige Vorfrage ist die, ob überhaupt und in wie weit Adam von Bremen die Fälschungen bekannt gewesen sind. Schon Lappenberg hat darauf hingewiesen [3]), daß Adam die Lebensgeschichten seiner Heiligen in der ursprüng= lichen Gestalt vor sich gehabt habe: er verschweigt nicht die Rechte und das Verdienst Ebbo's von Rheims, wenn natürlich auch Anskar in den Vordergrund tritt, weiß Nichts von den eingeschwärzten Völkernamen. Freilich haben seine Angaben über den Inhalt der Urkunden Gregor's und Nikolaus Bedenken erregt [4]): Cuius rei (der Vereinigung Bremens mit Hamburg) privilegia diligenter adhuc conservantur in Bremensi ecclesia. In quibus etiam additum est, quod idem papa Nykolaus tam ipsum Ansgarium, quam successores eius legatos et vicarios apostolicae sedis constituit in omnibus gentibus Sueonum, Danorum atque Sclavorum; quod et antea Gregorius papa concessit. [5]) Aber

---

[1]) M. G. 2, S. 379.

[2]) Vgl. Erhard, Regesten No. 1440, S. 227. — Durch Entscheidung der zwischen L. Giesebrecht u. Jaffé verhandelten Frage über die Zeit= bestimmung der Reise Vicelins nach Frankreich würde für uns Nichts gewonnen werden: nach jenem (Wend. Gesch. 2, S. 244 Anm. 2 u. Schmidts Ztschr. 1, S. 452) 1115, nach diesem (Lothar S. 232 ff.) 1123.

[3]) Hamb. Urkbb. S. 802.

[4]) Lappenberg, S. 22 Anm. s.

[5]) I, Kap. 29.

die Völkernamen sind doch entscheidend, denn nicht nur werden hier alle später eingeschobenen Namen nicht genannt, sondern Adam behält auch die Reihenfolge der echten Urkunden bei, die mit den Schweden beginnt, während in den falschen die Dänen vorangehen; eine ungenaue Wiedergabe des Inhalts seiner Quellen wird aber bei Adam nicht auffallen, und nur auf diese wird man den zweifelhaften Satz zurückführen dürfen. — Auch die Urkunden Sergius II und Leo's IV für Anskar und Hadrian's II für Rimbert werden in keiner Weise von Adam bezeugt; von den Urkunden Benedikt's VIII, Benedikt's IX und Alexander's II liegt diese außerhalb des Bereichs seiner Aufgabe, und von jenen berichtet er nur (2, 45): Unwanus — suscepit — palleum a maiore papa Benedicto und (3, 1): Palleum archiepiscopale (Adalbertus), ut decessores sui, per legatos accepit a — papa Benedicto; für die Urkunden Anastasius III und Johannes X haben wir nur die Stelle (1, 56): Cui (Unni) etiam papa Johannes decimus, ut privilegium indicat, palleum dedit; die Urkunden Stephan's VI, Sergius III und Leo's VII erscheinen ebenso wenig bezeugt (1, 53): Pallium suscepit (Hogerus) a papa Sergio und (2, 1) palleum episcopale sumpsit (Adalgarus) a papa VII Leone; und von den Urkunden Stephan's VI, Marin's und Johann's XV ist gar Nichts nachzuweisen.

Dennoch hat man frühzeitig die Frage nach der Zeit und der Person des Fälschers aus dem Charakter Erzbischof Adalbert's heraus beantworten zu können gemeint, und allerdings können sein Plan eines nordischen Patriarchats, die stolzen Titel, mit denen er gern sich schmückt[1]), auch was er von dem Bekehrungswerke Anskar's zu melden weiß[2]), ein ungünstiges Vorurtheil gegen ihn

---

[1]) Adelbertus, sanctae Romanae et apostolicae sedis legatus, necnon universarum orientalium et septentrionalium nationum archiepiscopus, Hammaburgensis quoque ecclesiae provisor indignus. Lappenberg No. 81 u. 99; vgl. No. 80, 82, 83, 86, 102, dazu noch No. 101: vicarius papae.

[2]) An Fulko von Corbie, Lappenberg No. 99: qui (Ansgarius) verbum vitae nostris partibus intulit et universitatem Fresonum, Danorum Sclavorum, Norvegorum, Sueonum convertit. Quae quidem apud vos scripta, vobis credidimus esse notissima.

hervorrufen. Aber die, wie wir gesehen, zum Theil wenigstens entschieden zu behauptende Unkenntniß Aram's in Bezug auf die Fälschungen, die Erwägung, daß Abalbert sich auf echte Urkunden zu stützen vermochte, also nicht auf Fälschungen angewiesen war, und daß er auch gar nicht in die Lage gekommen ist, sein Recht oder seine Ansprüche vor dem römischen Stuhle erst nachweisen oder vertheidigen zu müssen, ferner die Benutzung der Abalbert ertheilten Urkunden zur Anfertigung der Fälschungen, und endlich das Hinausragen der gefälschten Diplome noch über des Erzbischofs Tod, das Alles macht es unmöglich, Abalbert die ganze Summe der Fälschungen zuzuschreiben [1].

Erst da nach Abalbert's Tode der Norden nach Selbständigkeit strebte und in den Päpsten seit Gregor VII Beschützer ihrer Ansprüche fand, war Zeit und Veranlassung zu Fälschungen jener Art gekommen. Nach langen Verhandlungen zwischen Rom und Dänemark ist in Lund um 1104 das erste selbständige Erzbisthum geschaffen [2]; diesen Schritt der römischen Kurie zu verhindern oder ihn rückgängig zu machen, muß einer der drei Erzbischöfe Liemar, Humbert oder Friedrich auch mit der Waffe des Betruges gefochten haben. [3]

---

[1] Schon von Lappenberg sind diese Momente theilweise hervorgehoben. Urkbb. S. 801 u. 2, während vor ihm namentlich Asmussen S. 235—42 die lange angenommene Vermuthung, Abalbert sei der Fälscher, näher zu begründen suchte, doch mit wenig stichhaltigen Gründen.

[2] Chron. epp. Lundensium, Langenbeck, S. S. Rer. Danic. VI, 623: Anno D. 1104 missum fuit pallium Lundis a Paschali papa etc. — Dem auch bei Lappenberg abgedruckten Schreiben Anselms von Canterbury an Ascer von Lund (Hamb. Urkbb. No. 130) ist die Bestimmung etwa 1094 von Baluze beigesetzt (bei Mansi, 18, S. 747, das Schreiben selbst 18, S. 1027).

[3] Soweit das Nachweisbare; wenn ich meine, daß unter Liemar die Fälschungen entstanden seien, so ist das eben auch nur eine Vermuthung, die anderen Ortes begründet werden mag.

Beilage 1.

Uebersicht der besprochenen Urkunden.

№	Aussteller	Empfänger	Inhalt	erlassen	gefälscht oder interpolirt
8	Ludwig b. Fr.	Anskar	Schenkung Turholts	angebl. 834	1) vor 1012, 2) vor 1123, nach 1053, 3) vor 1158.
9	Gregor IV	Anskar	Bestätigung des Erzstifts	832	vor 1123, nach 1053.
10	Ludwig b. D.	Anskar	Schenkung Rames= lohes	angebl. 842	vor 1012.
11	Sergius II	Anskar	Legation, Pallium, Mitra	angebl. 846	nach 1053.
	Benedikt	Anskar	—	angebl. —	nach 1053?
13	Leo IV	Anskar	Legation, Pallium, Mitra	angebl. 849	nach 1053.
14	Nikolaus I	Anskar	Vereinigung Bre= mens mit Ham= burg	864	vor 1123, nach 1053.
16	Nikolaus I	Anskar	Bestätigung Ra= meslohes	angebl. 864	vor 1012.
19	Nikolaus I	Rimbert	Ertheilung des Pal= liums	865	
20	Hadrian II	Rimbert	Legation, Pallium, Mitra	angebl. 872	nach 1053.
21	Stephan VI	Rimbert	Pallium	angebl. 886	?
24	Stephan VI	Abalgar	Besitzbestätigung	angebl. 891	?
25	Formosus	Abalgar	Unterordnung Bre= mens unter Köln	895	

№	Aussteller	Empfän-ger	Inhalt	erlassen	gefälscht oder interpolirt
26	Sergius III	Abalgar	Wiedervereinigung Bremens mit Hamburg	angebl. 905	?
27	Sergius III	Hoger	Pallium	911	?
28	Anastasius III	Hoger	Legation und Pallium	angebl. 912	nach 1053.
29	Johann X	Unni	Legation und Pallium	angebl. 920	nach 1053.
33	Leo VII	Abalbag	Pallium	? 937	
34	Marinus	Abalbag	Besitzbestätigung	angebl. 946	?
35	Agapet	Abalbag	Legation und Pallium	948	-
	Otto d. Gr.	Abalbag	—	—	
	Agapet	Abalbag	—	—	
	Benedikt	—	—	—	
52	Johann XV	Libentius	Legation und Pallium	989	
53	Johann XV	Libentius	Besitzbestätigung	angebl. 996	?
64	Benedikt VIII	Unwan	Legation und Pallium	angebl. 1022	nach 1073.
71	Benedikt IX	Abalbert	Legation und Pallium	angebl. 1044	nach 1073.
72	Klemens II	Abalbert	Legation und Pallium	1047	
75	Leo IX	Abalbert	Legation, Pallium, Mitra	1053	
77	Viktor II	Abalbert	Legation, Pallium, Mitra	1054	
103	Alexander II	Liemar	Legation und Pallium	angebl. 1073	nach 1073.

Beilage 2.

Die falsche Urkunde Ludwig's d. Fr. und ihre Quellen.

Die oben ausgesprochene Behauptung, daß und in welcher Weise auch die ursprüngliche Fassung der Urkunde Ludwig's gefälscht sei, glaube ich am besten zu beweisen, wenn ich diese und ihre Quellen neben einander stelle. Mit einem Kreuz (†) deute ich an, was meiner Ansicht nach aus einer echten Urkunde Ludwig's genommen ist oder (?†) vielleicht daraus herrührt; als Ersatz für dieselbe nehme ich die Korveier Urkunde von demselben Datum (1), die Formel 18 bei Rozière, als eine der unter Ludwig gebräuchlichen Immunitätsformeln, und endlich andere Stellen aus Urkunden, die mit der Fassung in unsrem Diplom genauer übereinstimmen. Mit 2 bezeichne ich die Vita Anskarii, mit 3 die echte Urkunde Gregor's. Die angezogenen Urkundenstellen citire ich der Bequemlichkeit halber nach Bouquet, die Urkunde Gregor's dagegen und die in Frage stehende Fälschung gebe ich aus Cäsar selbst.

Gern würde ich dem mir freundlich geäußerten Wunsche, die von Cäsar im Appendix mitgetheilten Urkunden vollständig wieder abgedruckt zu sehen, Rechnung getragen haben, wenn sich nicht die Aussicht auf eine neue Ausgabe des seit Jahren vergriffenen Hamburgischen Urkundenbuchs eröffnet hätte. Diese wird dann wenigstens den Cäsarschen Abdruck für die betreffenden Urkunden zu Grunde legen können, denn der Codex selbst mag wohl nach wie vor verschwunden bleiben: in Bonn wenigstens, wo mein Freund Varrentrapp sich danach umzusehen die Güte hatte, weiß man Nichts von demselben, besitzt man nicht einmal ein Exemplar der Cäsarschen Ausgabe, und so ist denn die Hoffnung nur schwach, daß der Codex einmal in Köln oder anderswo, wohin er von Bonn aus weiter verschleppt sein mag, wieder auftauchen werde.

6

Die Fälschung.

†I. In nomine domini Dei et salvatoris nostri Jesu Christi.

†II. Ludowicus divina propitiante clementia imperator augustus.

?†III. Si specialibus cuiusque fidelium nostrorum necessitatibus perspectis, subveniendum esse imperialis auctoritas monstrat, quanto magis ad debitam generalitatis providentiam aequum dignumque pertinet, ut et ecclesiae catholicae atque apostolicae, quam Christus suo pretioso sanguine redemit, eamque nobis tuendam regendamque commisit, piam ac sollicitam in cunctis oporteat gerere curam, et ut in eius provectu vel exaltatione congruam adhibeamus diligentiam, novis ad eius necessitatem vel utilitatem atque dignitatem pertinentibus rebus nova imo necessaria et utilia provideamus constituta.

†IV. Idcirco sanctae Dei ecclesiae filiis, praesentibus scilicet et futuris, certum esse volumus,

V. qualiter divina ordinante gratia nostris in diebus *aquilonalibus in partibus*, in gente videlicet *Danorum sive Sueonum*, magnum coelestis gratia praedicationis sive acquisitionis *patefecit ostium*, ita ut multitudo hinc inde ad fidem Christi conversa mysteria coelestia ecclesiasticaque subsidia desiderabiliter expeteret.

VI. Unde domino *Deo* nostro *laudes immensas* (!) persolventes extollimus, qui nostris temporibus et studiis sanctam ecclesiam, sponsam videlicet suam, locis in ignotis sinit dilatari atque proficere.

?†VII. Quamobrem una cum sacerdotibus caeterisque imperii nostri fidelibus

VIII. hanc Deo dignam cernentes causam valde necessariam atque futurae ecclesiae dignitati proficuam, dignum duximus, ut locum aptum *nostris in finibus* evidentius eligeremus, ubi *sedem episcopalem* per hoc nostrae auctoritatis praeceptum *statueremus*, *unde omnes illae barbarae nationes* (!) aeternae vitae pabulum *facilius uberiusque capere valerent*, et sitientes salutis gratia

Die Quellen.

(1). In nomine domini Dei et salvatoris nostri Jesu Christi.

(1). Hludowicus divina repropitiante clementia imperator augustus.

(Bouq. 617). Idcirco omnibus sanctae Dei ecclesiae fidelibus et nostris, praesentibus scilicet et futuris, notum esse volumus.

(2) Ansfar und Witmar erzählen Kaiser Ludwig nach ihrer Rückkehr von Schweben, quod *ostium* fidei *in illis partibus* ad vocationem gentium *patefactum* fuerit.

(2) Der Kaiser *immenso* lactificabatur gaudio, erinnert sich, daß auch *apud Danos* (s. ob. V.) die Mission begonnen, et *laudes ac gratias* omnipotenti *Deo* referens, —

(2). quaerere coepit, quomodo in partibus aquilonis, *in fine* videlicet *imperii sui, sedem constituere* posset *episcopalem* —, *unde* — *omnes illae barbarae nationes facilius uberiusque capere valerent* divini mysterii sacramenta.

Die Fälschung.

prae manibus vel oculis haberent incessanter, insuper et magnorum progenitorum (!) sacra lucrandi studia nostris in diebus
nunquam deficerent.

IX.   Genitor etenim noster, *gloriosae memoriae Karolus*,
omnem Saxoniam ecclesiasticae religioni *subdidit, iugumque*
Christi adusque ad *terminos Danorum atque Slavorum corda*
ferocia ferro perdomans docuit.

X.   Ubi inter has utrasque gentes, Danorum videlicet sive
Wandalorum (!), *ultimam* Saxoniae *partem* sitam et diversis
periculis, temporalibus videlicet et spiritualibus, interiacentem
prospiciens, pontificalem ibidem sedem fieri decrevit *trans Albiam.*

XI.   Unde´ postquam terra Nordalbingorum laxata captivitate, quam ob multam perfidiam in ipsis Christianitatis initiis
patratam per septennium passi sunt, ne locus ille (!) a barbaris
invaderetur, Ecberto comiti restituere praeceperat, non iam vicinis
episcopis locum illum *committere* voluit.

XII.   Sed ne quisquam eorum hanc sibi deinceps parochiam
vindicaret, ex remotis Galliae partibus (!) quendam episcopum
Amalarium nomine direxit, qui primitivam ecclesiam ibidem
consecraret.

XIII.   Sed et eidem ecclesiae sacras reliquias ac plura
ecclesiastica munera pia largitate specialiter. destinare curavit.

XIV.   *Postmodum* vero captivis optatam ad patriam undique
confluentibus (!) eandem *parochiam cuidam presbytero Heridac*
nomine specialiter commendavit, quem universae Nordalbingorum
ecclesiae, *videlicet ne ad ritum relaberentur gentium, vel quia* ·
locus ille *lucrandis adhuc gentibus videbatur aptissimus, dis-*
posuerat consecrari episcopum, ut ipsa occasione vel auctoritate
summa in ipsis terminis gentium sedulitate praedicandi sancta
multiplicaretur ecclesia, dum vicinorum ipsius novitatis episcoporum multa latitudinis cura non sufficiebat discurrere per omnia.

Die Quellen.

(2). Dem Kaifer wird erzählt, quod quando *gloriosae memoriae* pater suus *Karolus* Augustus *omnem Saxoniam* ferro perdomitam et iugo Christi subditam per episcopatus divisit,

(3). beatus memoriae — rex Karolus — gentem Saxonum sacro cultui *subdidit, iugumque Christi — ad usque terminos Danorum sive Slavorum corda ferocia ferro perdomans docuit,*

(2). *ultimam partem* ipsius provintiae, quae erat in aquilone ultra Albiam,

(3). *ultimamque* regni ipsius *partem trans Albiam*, inter mortifera paganorum *pericula* constitutam.

(2). nemini *episcoporum* tuendam *commisit.*

(2). Qua de re primitivam etiam ibi ecclesiam per quendam episcopum Galliae Amalharium nomine consecrari fecit.

(2). *Postea* quoque ipsam *parroechiam cuidam presbytero Heridac nomine specialiter* gubernandam *commisit.*

(2). *Quem* etiam presbyterum *consecrari disposuerat episcopum.*

(3). *videlicet ne ad ritum relaberetur gentilium, vel etiam quia lucrandis adhuc gentibus aptissimus videbatur.*

Die Fälschung.

XV. Delegavit etiam eidem presbytero quandam cellam Hrodnace vocatam, quatinus eidem loco periculis undique circumdato fieret supplementum.

XVI. *Sed* quia consecrationem iam dicti viri *velox ex hac luce transitus* pii genitoris nostri in diebus eius *fieri* prohibuit: ego (!) autem, quem divina clementia *in sedem regni eius* asciverat, cum in multis regni disponendi negociis insisterem, hoc quoque praedicti *patris mei* (!) studium regni in finibus peractum minus caute *attenderem* (!), *suadentibus quibusdam* iam dictam cellam ad Indam monasterium contuli, vicinam vero parochiam vicinis · episcopis *interim commendavi.*

XVII. Nunc autem, tam propter supra scripta ecclesiastica lucra in gentibus demonstrata, quam et propter *votum* pii *genitoris nostri, ne quid eius studii imperfectum remaneat, statuimus una cum consensu* ecclesiastico (!), *praefata ultima in regione Saxonica trans Albiam in* loco nuncupato *Hammaburg* cum *universa Nordalbingorum* provincia *ecclesiae proprii vigoris constituere sedem.*

XVIII. Cui et primum praeesse atque *solenniter consecrari per manus Drogonis Mettensis et summae sanctae palatinae dignitate praesulis (!) Ansgarium fecimus archiepiscopum, astantibus archiepiscopis Ebone Rhemensi, Hetti Treverensi et Otgario Mogontiacensi cum plurimis aliis* generali *in conventu* totius *imperii* nostri *praesulibus congregatis, assistentibus quoque* specialiter *et consentientibus atque consecrantibus Helingaudo sive Willerico episcopis, a quibus iam dictae parochiae partes* a nobis sibi olim *commendatas recepimus.*

XIX. Cui, videlicet Ansgario, qui a praefatis in gentibus haec nostris in diebus dignissima in convocatione gentilium vel redemtione captivorum (!) monstrata sunt lucra, tam nostra quam sanctae Romanae ecclesiae sedis auctoritate hanc Deo dignam in gentibus commisimus legationem (!) ac proprii vigoris ascribere decrevimus dignitatem.

Die Quellen.

(2). *sed velocior* eius *de hac luce transitus* hoc ne *fieret* impedivit. Post obitum — Augusti —, Hludowico, *in sede regni eius* collocato, *suggerentibus quibusdam*, partem illam provinciae — in duo divisit, et duobus vicinis episcopis *interim commendavit*. Non enim satis *attendit patris sui* super hoc constitutionem, aut (!) certe omnimodis ignoravit.

(2). Iste vero facta occasione, qua iam fides Christi in partibus Danorum atque Sueonum — fructificare coeperet, cognito *patris sui voto, ne quid eius studii inperfectum remaneret, una cum consensu* episcoporum ac plurimo synodi conventu, *in praefata ultima Saxoniae regione trans Albiam in* civitate *Hammaburg sedem constituit* archiepiscopalem, cui subiaceret *universa Nordalbingorum ecclesia.* (3) *proprio* episcopale *vigore* fundare decreverat (sc. Karolus).

(2). Ad hanc ergo sedem — *Anskarium* — imperator *solemniter consecrari fecit archiepiscopum per manus Drogonis Mettensis praesulis et summae sanctaeque palatinae dignitatis* tunc *archicapellani, astantibus archiepiscopis Ebone Remensi, Hetti Treverensi et Otgario Magonciacensi, una cum pluribus aliis in conventu imperii praesulibus congregatis, assistentibus quoque et consentientibus ac pariter consecrantibus Helmgaudo et Willerico episcopis, a quibus iam dictas parrochiae illius partes commendatas receperat.*

Die Fälschung.

XX. *Et* ut haec nova constructio *periculosis in locis* coepta subsistere valeret, nec praevalente *barbarorum saevitia deperiret, quandam cellam Turholt* nuncupatam tam huic novae constructioni perenniter *servituram,* quam suae successorumque suorum in gentibus *legationi,*

?†XXI ad nostram nostraeque sobolis perpetuam mercedem divinae obtulimus maiestati.

?†XXII. *Homines* quoque *qui eiusdem cellae beneficia habere* videntur ab omni expeditione vel militia sive qualibet occupatione absolvimus,

?†XXIII. ut idem venerabilis episcopus ad hanc Deo dignam peragendam in provisis temporibus legationem nullam in hoc patiatur impedimentum.

?†XXIV. *Dona* vero quae ex eadem cella nostris partibus (l. patribus) *dare solebant,* et nobis quoque successoribusque nostris *similiter dari volumus.*

XXV. His exceptis, maius minusve in convocatione paganorum vel redemtione captivorum sive eiusdem sedis supplemento multimodis periculis circumdato, vel ibidem Deo militantium solatio, ob amorem Dei ac beati Sixti confessoris eius perpetuo delegamus.

†XXVI. *Res* quoque praefatae sedis et *praescripti monasterii sub plenissima defensione et immunitatis tuitione* volumus ut consistant ac tueantur, ita

†XXVII. *ut nullus index publicus aut alia quaclibet potestate publica praedita persona* de eorum rebus *freda,*

Die Quellen.

(2). *Et* quia diocesis illa *in periculosis locis* fuerat constituta, ne propter *barbarorum* imminentem *saevitiam — deperiret*, et quia omnimodis parva erat (!), *quandam cellam* in Gallia *Turholt* vocatam, ad eandem sedem perpetuo *servituram,* eius *legationi* tradidit.

(Bouq. 564). *homines eiusdem monasterii,* sive liberi *qui beneficia* exinde *habere* — noscuntur, — a cunctis publicis obsequiis ad nos pertinentibus immunes — sint —.

(Bouq. 563). Et quoniam modica exinde annuatim *dona — exire consueverant —, instituimus, ut* sex librae argenti omni anno ad regiam cameram exinde *persolvantur.*

(Roz. N. 18) venerabilis ille, illius civitatis episcopus, — postulavit nos, ut eum et *praedictam sedem —* cum omnibus *rebus — sub nostra defensione et immunitatis tuitione* constitueremus. Cuius petitioni — adsensum praebuimus, et hanc auctoritatem immunitatis nostrae — fieri decrevimus, per quam praecipimus atque iubemus,
ut nullus iudex publicus vel quislibet ex iudiciaria potestate

(Bouq. 568) in qua (auctoritate) continebatur insertum, quod non solum ipse (Karolus), verum etiam et antecessores eius — *praedictum monasterium — sub plenissima defensione et immunitatis tuitione* habuissent.

(Bouq. 590) *ut nullus iudex publicus, vel alia qualibet iu-*

7

Die Fälschung.

tributa, mansionaticos, vel paratas, aut teloneum vel fideiussores tollere aut homines ipsorum tam litos quam et ingenuos super terram eorum manentes distringere nec ullas publicas functiones aut redibitiones vel illicitas occasiones requirere vel exigere praesumat.

†XXVIII. *Sed liceat praedicto venerabili episcopo suisque successoribus ac omni clero* sub eorum regimine constituto, *quiete in* Dei servitio degere et *pro nobis proleque nostra atque statu totius imperii nostri divinam misericordiam exorare.*

†XXIX. *Et ut haec auctoritas* sui vigoris *perpetuam obtineat firmitatem, manu propria subter eam firmavimus et annuli nostri impressione signare iussimus.*

†XXX. *(Signum Hlode (M.) vici* piissimi *imperatoris).*

†XXXI. *(Hirminmarus notarius advicem Theodonis recognovi).*

†XXXII. *Data idus Maii, anno Christo propitio 21 imperii domini Ludovici piissimi augusti, indictione 12.*

†XXIII. *Actum Aquisgrani, palatio regio, in Dei nomine feliciter, amen.*

Die Quellen.

in — possessiones, quas — tenet — ecclesia, — ad causas iudiciario more audiendas vel discutiendas, aut *freda* exigenda, aut *mansiones* vel *paratas* faciendas, aut *fideiussores tollendos, aut homines ipsius ecclesiae iniuste distringendos, nec ullas redibitiones vel illicitas occasiones requirendas,* nostris et futuris temporibus ingredi audeat, *vel* ea quae supra memorata sunt penitus *exigere praesumat.*

diciariae (l.: ria) potestatis (l.: te) praedita persona.

(Roz. N. 24) ad causas iudiciario more audiendas in — possessiones — ingredi *praesumat, nec freda aut tributa aut mansiones aut paratas aut telonea aut fideiussores tollere, aut homines, tam ingenuos quam servos, super terram ·ipsius monasterii commanentes, distringere, nec ullas publicas functiones aut redibitiones vel illicitas occasiones requirere.*

(Roz. 18). *Sed liceat memorato praesuli suisque successoribus* res praedictae ecclesiae *quieto* ordine possidere atque *pro incolumitate nostra,* coniugis *et prolis, seu pro totius imperii nostri stabilitate, una cum clero* et populo sibi subiecto *Domini misericordiam* intentius *exorare.*

(Bouq. 568). *Et ut haec auctoritas* — valeat inconvulsa manere (Bouq. 599: *perpetuam obtineat firmitatem) manu propria subter eam firmavimus et anuli nostri impressione signari iussimus.*

(1). *Signum (M.) Hludowici* serenissimi *imperatoris.*

(1). *Hirminmaris notarius advicem Theodonis recognovi et subscripsi.*

(1). *Data idus Maii, anno Christo propitio 21 imperii domni Hludowici piissimi augusti, indictione 12.*

(1). *Actum Aquisgrani, palatio regio, in Dei nomine feliciter, amen.*